はじめての
Javaフレームワーク

はじめに

　「Java」は、論理的かつ規則的で、分かりやすい言語です。

　反面、規則に従ってチマチマと手続きを書かなければならないため、面倒な言語でもあります。

　「Java」は、すべての事象を「オブジェクト」として表現できます。

　しかし、一時的な処理でも、いちいち「オブジェクト」を作らなければなりません。

　そこで、「フレームワーク」です。

　「Java」の規則性を利用して、「この規則に従って書いてくれれば、細かい手続きはこちらでします」という手段を開発者に提供します。

＊

　本書では、Javaの「Webアプリのフレームワーク」をなるべく多く取り上げ、基本的な使い方を、実践例とともに示しました。

　実際にインストール作業やコードの記述をしなくても、読むだけでイメージがつかめるように構成しています。

　それぞれの特徴をよく表わす「Hello World」を見比べて、みなさんの関心や目的に適したフレームワークを見つけていただければと思います。

清水　美樹

はじめての Java フレームワーク

CONTENTS

はじめに ‥‥‥‥‥‥‥‥‥‥‥‥‥‥‥‥‥‥‥‥‥‥‥‥ 3

動作環境について ‥‥‥‥‥‥‥‥‥‥‥‥‥‥‥‥‥‥‥‥ 6

サンプル・プログラムのダウンロード ‥‥‥‥‥‥‥‥‥‥ 6

第1章 「Javaフレームワーク」と「Maven」

[1-1] 「Javaフレームワーク」とは ‥‥‥‥‥‥‥‥‥‥‥‥ 7

[1-2] 本書で紹介する「Javaフレームワーク」 ‥‥‥‥‥‥ 8

[1-3] 最低限、必要なもの ‥‥‥‥‥‥‥‥‥‥‥‥‥‥ 11

[1-4] プロジェクト管理ツール「Maven」 ‥‥‥‥‥‥‥‥ 12

第2章 Struts2

[2-1] 「Webアプリ」を構築 ‥‥‥‥‥‥‥‥‥‥‥‥‥ 25

[2-2] 「Struts」を構築 ‥‥‥‥‥‥‥‥‥‥‥‥‥‥‥ 29

[2-3] 設定ファイル ‥‥‥‥‥‥‥‥‥‥‥‥‥‥‥‥ 37

[2-4] 「Struts」のライブラリをダウンロード ‥‥‥‥‥‥ 43

[2-5] 日本語の文字化け対策 ‥‥‥‥‥‥‥‥‥‥‥‥ 44

[2-6] 「Struts」を実行 ‥‥‥‥‥‥‥‥‥‥‥‥‥‥‥ 45

[2-7] 扱うデータを加える ‥‥‥‥‥‥‥‥‥‥‥‥‥ 46

第3章 Apache Tapestry

[3-1] 「Tapestry」のプロジェクト ‥‥‥‥‥‥‥‥‥‥ 50

[3-2] 「Tapestry」を研究 ‥‥‥‥‥‥‥‥‥‥‥‥‥‥ 57

[3-3] 「動的ページ」を作成 ‥‥‥‥‥‥‥‥‥‥‥‥‥ 64

第4章 Spring Boot

[4-1] 「Spring Boot」でプロジェクトを作る ‥‥‥‥‥‥ 75

[4-2] 最も簡単なアプリケーション ‥‥‥‥‥‥‥‥‥ 79

[4-3] 「MVC」なプロジェクトを作る ‥‥‥‥‥‥‥‥‥ 85

[4-4] 「MVC」なJavaクラス ‥‥‥‥‥‥‥‥‥‥‥‥ 87

[4-5] 「MVC」なコントローラ・クラス ‥‥‥‥‥‥‥‥ 92

[4-6] パラメータを変えて実行 ‥‥‥‥‥‥‥‥‥‥‥ 94

第5章 Java Server Faces

[5-1] 「Java Server Faces」と「Java EE」 ‥‥‥‥‥‥ 96

[5-2] 「GlassFish」の入手と設定 ‥‥‥‥‥‥‥‥‥‥ 98

[5-3]	サンプルをビルド	99
[5-4]	「customConverter」で学ぼう	102
[5-5]	画面表示を記述するファイル	107
[5-6]	「JSF」のJavaファイル	112
[5-7]	動作を記述するJavaクラス	115
[5-8]	Webアプリの設定ファイル	118

第6章　Apache Wicket

[6-1]	「Apache Wicket」とは	120
[6-2]	「Wicket」のプロジェクト	121
[6-3]	自動作成されたファイルとコード	125
[6-4]	「動的アプリ」のHTML	131
[6-5]	「動的アプリ」のJava	133

第7章　Google Web Toolkit

[7-1]	「Google Web Toolkit」を始める	138
[7-2]	「GWTアプリ」の構造	148
[7-3]	「サーバ・プログラム」の仕組み	149
[7-4]	クライアントの役割	152
[7-5]	画面描画のプログラム	154
[7-6]	サーバとの通信	157
[7-7]	クライアントも簡単にしよう	158

第8章　Play Framework

[8-1]	「Play Framework」のプロジェクト	163
[8-2]	ページが表示される仕組み	168
[8-3]	サンプル「Count」を編集	175
[8-4]	サンプル「Message」を編集	179

第9章　Javaで書かれたJavaサーバ

[9-1]	異なるサーバのための「WAR」ファイル	184
[9-2]	外部サーバとしての「Jetty」	186
[9-3]	Apache Tomcat	188
[9-4]	WildFly	191

附録		195
索引		198

動作環境について

本書執筆時の Java 開発環境の最新バージョンは「JDK9」ですが、対応していないフレームワークもあり、確実に動作する「JDK8」を用いています。
　詳しくは第 1 章の説明を参照してください。

なお、Java の大規模アプリケーションのための仕様「JavaEE」は近い将来「Jakarta EE」と名称変更になることが通知されていますが、本書では「JavaEE」のまま解説しています。

サンプル・プログラムのダウンロード

本書の「サンプル・プログラム」は、工学社ホームページのサポートコーナーからダウンロードできます。

<工学社ホームページ>
http://www.kohgakusha.co.jp/

ダウンロードしたファイルを解凍するには、下記のパスワードが必要です。

MFNtbq3mZE2E

すべて半角で、大文字小文字を間違えないように入力してください。

●各製品名は一般に各社の登録商標または商標ですが、®および TM は省略しています。

第1章
「Javaフレームワーク」と「Maven」

「Java」は、Webの世界で大きな進展を遂げてきました。その
ため、「フレームワーク」はほとんどが「Webアプリのフレー
ムワーク」です。
本書ではいろいろな「Javaフレームワーク」を作ってみます
が、その前に「Javaフレームワーク」の特徴を知り、イメージ
をつかんでおきましょう。
また、「Javaフレームワーク」の作成を容易にする自動処理の
ためのソフト、「Maven」の使い方も紹介します。

1-1 「Javaフレームワーク」とは

■「Javaフレームワーク」は「Webフレームワーク」
●Webの世界で発展したJavaだから

　「フレームワーク」とは「枠組み」の意味であり、「アプリケーション・
フレームワーク」とは、アプリケーションの枠組みです。

　そこに異なる表示や動作を書き込むことで、実際に動作するアプリ
ケーションを作ります。

　「Java」は、インターネットのビジネスが急激に成長した西暦2000年前
後に、「Webアプリ」を記述できる言語として大きく進展しました。

　その後、機能を高めるために「Java」のコードが複雑になっていくと、
最低限必要な箇所だけを書き換えれば、どんな目的のアプリケーション
にも適用できる「フレームワーク」の開発が盛んになります。

*

　「Webアプリ」は、ブラウザからサーバにデータを送信し、サーバが応
答を返す、というほぼ決まった作業です。

　そのため、フレームワーク化が進むことで、「同じコードを繰り返して

7

第1章 「Javaフレームワーク」と「Maven」

打つ煩雑さが解消」「環境が変わっても最小限の書き換えですむ」など、アプリ開発の効率が飛躍的に向上しました。

　また、多くは「データベースを読み書きするためのWebアプリ」です。

　競合する言語としては、マイクロソフト社の「.NET」や、「Ruby on Rails」「PHP」「HTML5+JavaScript(Ajax)」などがあり、これらも「Webフレームワーク」を提供しています。

　2000年代から続く多くの「Javaフレームワーク」も、今なお発展を続けています。

1-2 本書で紹介する「Javaフレームワーク」

■Javaフレームワーク

●すべて「オープンソース」で無償

　本書では、代表的なものから新しいものまで、いくつかの「Javaフレームワーク」の簡単な実例を紹介します。

　なお、すべて「オープンソース」であり、製品として販売されているものであっても、無償の「コミュニティ版」があります。

・Struts2

　「ストラット」とは、自動車などの「高負荷に耐えうる柔軟な構造」を意味します。

　「Struts」が「Javaフレームワークの元祖」であるというのは問題ないでしょう。

　Javaの仕様（もともとある方法）に基づいて、目的とする機能（MVC：モデル、ビュー、コントローラ）別にソースファイルを分離します。

　「Struts」では、「ひとつの動作を実現するためのMVC」という構造でファイルを作り、コードを書きます。

　これを、「アクション・ベース」と呼びます。

8

[1-2] 本書で紹介する「Javaフレームワーク」

この「Struts」を通じて、「JavaによるWebアプリ」の基本を学ぶことができます。

・Tapestry

基本は「Struts」と似ていますが、「タペストリ」(織物)という名前の通り、「画面表示」を重視しています。

そのため、「1つの画面を作るためのMVC」という構造をとります。

これを、「コンポーネント・ベース」と呼びます。

「TML」という独自のXML形式でブラウザ表示を記述します。

・Spring Boot

「Spring Framework」は、Javaの基本にとらわれず、アプリケーションを効率的に整理して作るためのさまざまな技術を取り入れた独自の方法です。

「Webアプリ」に限らず、広範囲の「Javaアプリケーション」を作ることができます。

中でも、最近は「Spring Boot」というライブラリによって、「Sparing Framework」の構造の多くの部分を自動的に作れるようになりました。

・Java Server Faces (JSF)

これまでのフレームワークは、すべて「JDK」で実現する技術です。

一方、「JSF」は、「Java EE」の開発環境と実行環境が必要です。

「Java Bean」と呼ばれる仕様で、「データの記述」を「処理の記述」と分離することに注力しています。

・Apache Wicket

多くの「MVCフレームワーク」では、画面の表示は「HTML」に任せ、Javaコードでは送られてくるデータ、送り出すデータの扱いだけに注目すべきであるとします。

これに対して「Wicket」は、むしろ「HTMLの画面記述」にそれぞれJavaのオブジェクトを積極的に対応させて、画面記述をよりオブジェクト指向的に捉えようとします。

第1章 「Javaフレームワーク」と「Maven」

・Google Web Toolkit

　「HTML5＋JavaScript」の「Ajax」を、Javaで実装したフレームワーク。

　「HTML」は共通の外枠を表記するのみで、1つ1つの部品は、Javaの「AWT」や「Swing」と似たような書き方で書いていきます。

・Play Framework

　「Scala」で書かれたフレームワーク「Akka」を用いて、「非同期」の記述をします。

　そのため、主要な言語は「Scala」ですが、「Java版」もあるので、比較しながらプログラムの書き方を理解できます。

■アプリケーションサーバ

●Javaで書かれたサーバ

　本書では、JavaのWebアプリを動かす「サーバ」の使い方も紹介します。すべて、「Javaで書かれたサーバ」です。

・Jetty

　軽量なサーバ。

　Webアプリのプロジェクトの内部に置いて、「テスト・サーバ」として多く用いられますが、外部に置いて複数のアプリを置くこともできます。

・Apach Tomcat

　Javaの定番サーバ。

・GlassFish

　「Java EE」の実行環境として、「Java EE」の仕様に基づいて書かれたサーバ。

・WildFly

　「JBoss」というサーバが企業に買収されるにあたって、コミュニティ版が「WildFly」という名前になりました。

　「Java EE」の実行環境も備えています。

[1-3] 最低限、必要なもの

1-3	最低限、必要なもの

本書の内容を試していく上で、次のものは揃えておいてください。

●JDK8

「JDK」の最新は2017年9月に発表された「JDK9」ですが、対応しないフレームワークもあるので、確実に動く「JDK8」を用います。

●テキスト・エディタ

本書で利用するのは「Visual Studio Code」です。

以下のURLから、インストーラがダウンロードできます。

<「Visual Studio Code」のホームページ>

https://code.visualstudio.com/

●Maven

本書で紹介するフレームワークの多くが、「Maven」というプロジェクト管理ツールを必要とします。

逆に言うと、「Maven」さえあれば、「Eclipse」などの開発ツールを使うよりも簡単にアプリをビルド&実行できます。

そこで、次に「Maven」のインストールと使用方法について、詳細に解説します。

その中で得られた「Mavenプロジェクト」は、以降の内容で使っていきます。

11

第1章　「Javaフレームワーク」と「Maven」

1-4　プロジェクト管理ツール「Maven」

■「プロジェクト管理ツール」とは

●1つのコマンドで一連の処理を命令

　「Javaフレームワーク」の作成に必要なのが、「プロジェクト管理ツール」です。

　代表的なプロジェクト管理ツール「Maven」(メイヴン)は、「XML」でコンパイルの条件を記述し、「mvn」というコマンドで複数のソースファイルから1つのアプリケーションを作り、実行までもっていけます。
(同じような「プロジェクト管理ツール」に、スクリプト形式の「Gradle」があります)。

■「Maven」のインストール

●「Maven」を操作する前に

　「Maven」や「Gradle」などの「プロジェクト管理ツール」は、インターネットから必要なファイルをダウンロードします。
　そのため、インターネットに常時接続していることが前提になります。

　時間をかけて大量のデータをダウンロードするので、接続時間や通信料が負担にならない環境で作業してください。

●「Maven」のホームページへ

　「Maven」の正式名は、「Apache Maven」です。
　以下のURLから、「Maven」の実行コマンドとライブラリの入ったフォルダを入手します。

＜「Apache Maven」のホームページ＞

https://maven.apache.org/

12

[1-4] プロジェクト管理ツール「Maven」

●「環境変数」の編集画面を開く(Windows7)

　フォルダ名は、「apache-maven-3.5.2」のような名前になります。
　この中の「bin」フォルダに、「mvn」などのコマンドファイルが置かれているので、ユーザー環境変数「Path」にこの「bin」フォルダを登録し、コマンドを使えるようにしておきます。

*

　Windows7で環境変数を編集するには、コントロールパネルから「システムとセキュリティ」→「システム」と画面を開くと、左側の一覧に「システムの詳細設定」というリンクがあります。
　ここから、「環境変数」の設定画面を開くことができます(図1-1は、Windows10ですが、Windows7でも同じです)。

図1-1　「コントロールパネル」から「システムの詳細設定」画面へ

13

第1章 「Javaフレームワーク」と「Maven」

●「環境変数」の編集画面を開く（Windows8以降）

　Windows8以降は、「設定」画面で「環境変数」というキーワードを入れると、「環境変数」の設定画面が開きます。

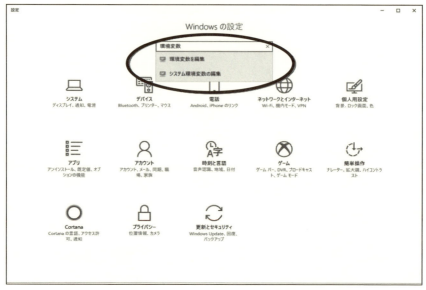

図1-2　「コントロールパネル」から「システムの詳細設定」画面へ

●「環境変数」の設定

　環境変数を表1-1のように設定します。
　必要なのは環境変数「Path」に、「Maven」の「bin」フォルダへのパスを追加することです。そのため、先に「Maven」のフォルダそのものへのパスを、「環境変数名」に置き換えておくと便利です。

表1-1　設定する環境変数

操　作	環境変数名	内　　容
新規	MAVEN_HOME	展開した「apache-maven-3.5.2」のようなフォルダの置き場所（パス）。
編集	Path	「%MAVEN_HOME%\bin」をセミコロン区切りで追加。

[1-4] プロジェクト管理ツール「Maven」

図1-3　登録された環境変数「MAVEN_HOME」

図1-4　いろいろなパスが登録されている環境変数「Path」

■「Mavenプロジェクト」の作り方
●「Mavenプロジェクト」を作る

では、「Maven」で簡単な「Webアプリ・プロジェクト」を作ってみましょう。

[1]適切な場所にプロジェクト・フォルダ「mystruts2」を作成

これは、次章で学ぶ「Struts2」のプロジェクトを、このプロジェクト・フォルダを使って構築していくからです。

＊

15

第1章 「Javaフレームワーク」と「Maven」

「Visual Studio Code」(以後、「VSCode」)で作業する例を説明します。

＊
「mystrutts2」フォルダを作ったら、右クリックすると、「Open with Code」を選ぶことができます。

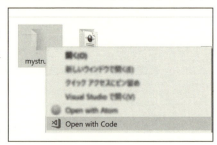

図1-5　「VSCode」でフォルダを開く

「VSCode」では、左側に「エクスプローラ」という欄があり、アイコンや右クリックで操作することによって、そのフォルダ内に「子」となるフォルダやファイルを作ることができます。

また、フォルダやファイルをツリー状に表示できるので、それらの位置関係が分かりやすくなります。

[2]「mystruts2」フォルダの下に「src/main/jam」というフォルダを作成

これが、コンパイルすべきJavaのソースファイルを置く場所です。

[3]「mystruts2」フォルダの下に、「pom.xml」というファイルを作成

以上の構造を「VSCode」のエクスプローラで見ると、図1-6のようになります。

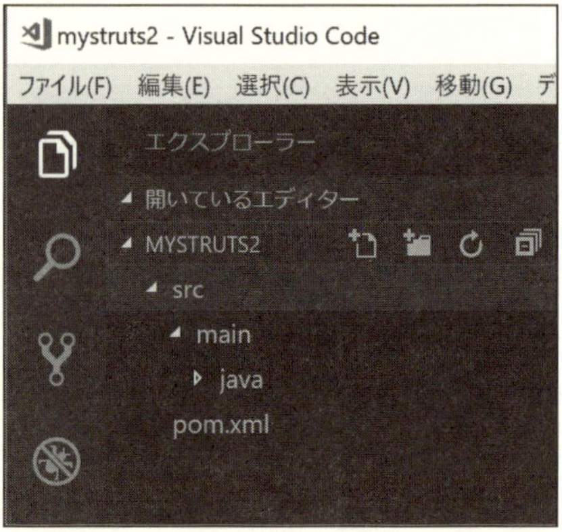

図1-6
「VSCode」のエクスプローラで見るプロジェクト・フォルダの構造

[1-4] プロジェクト管理ツール「Maven」

● 「pom.xml」の編集

「pom.xml」を編集します。

---

[1] リスト1-1のように、そのXMLが「Maven」用であることを宣言

　この書き方は、「Maven」のホームページを参考にして、「バージョン番号」などについては、最新の書き方にしてください。

【リスト1-1】XMLが「Maven」用であることを宣言、構造は要素「project」

```
<project xmlns="http://maven.apache.org/POM/4.0.0"
  xmlns:xsi="http://www.w3.org/2001/XMLSchema-instance"
  xsi:schemaLocation="http://maven.apache.org/POM/4.0.0
  http://maven.apache.org/maven-v4_0_0.xsd" >
  <modelVersion>4.0.0</modelVersion>


  <!-- ここにリスト1-4以降を書いていく-->


</project>
```

　リスト1-1はたくさんの属性が書いてありますが、構造そのものは「project」という「開始タグ」と「終了タグ」で構成される要素です。

　要素「modelVersion」は、「project」の子要素になっています。

　リスト1-4以降のプロジェクトの情報も、すべて「project」の子要素として書きます。

[2] プロジェクトについての情報を書く

　リスト1-2は、どんなプロジェクトでも書かなければならない、最低限の内容です。

【リスト1-2】必須の要素

```
<groupId>net.supportdoc</groupId>
<artifactId>mystruts2</artifactId>
<version>1.0</version>
```

第1章 「Javaフレームワーク」と「Maven」

表1-2 「リスト1-2」の内容

要素名	説　明	リスト1-2に書いた値
groupId	Javaのパッケージ名に相当	筆者のホームページアドレスを用いて「net.supportdoc」
artifactId	jarファイルやwarファイル名に相当	Webアプリのアドレスを考えつつ、ここでは「mystruts2」
version	プロジェクトのバージョン	1.0

[3]「packaging」という要素に、リスト1-3のように記す

Javaの Web アプリは「WAR」という形式の圧縮ファイルにまとめます。

【リスト1-3】要素「packaging」

```
<packaging>war</packaging>
```

[4]コンパイル＆実行の処理を、「build」という要素に記述

リスト1-4のような形式になります。

【リスト1-4】コンパイル＆実行の処理を記述する要素「build」

```
<project …>
  <modelVersion>...</modelVersion>
  <groupId>...</groupId>
  <artifactId>...</artifactId>
  <version>...</version>
  <packaging>...</packaging>
  <build>
    <!-- ここにリスト1-5以降を書いていく-->
  </build>
</project>
```

[5]値を変更する

「build」の子要素の「finalName」は、アプリケーションの「ルート・フォルダ名」です。

[1-4] プロジェクト管理ツール「Maven」

リスト1-5のように、「mystruts2」としてみましょう。

【リスト1-5】値の変更

```
<finalName>mystruts2</finalName>
```

[6]「Jettyプラグイン」を導入

コンパイルや実行のことをどう書けばいいのでしょうか。

それは、「Maven用プラグイン」まかせです。

いま作っているWebアプリには、内部にサーバを置き、それを実行環境とします。

このような「埋め込み用サーバ」として、「Jetty」というソフトが長年用いられています。

「Jetty」には、「Maven用プラグイン」があります。

これを導入すれば、プラグインの指針に従って操作し、サーバを起動できます。

プラグインは複数導入できるので、「plugins」要素の下に「plugin」を置きます。

「Jetty」のプラグインの書き方は、**リスト1-6**の通りです。

【リスト1-6】「Jettyプラグイン」の導入

```
<plugins>
  <plugin>
    <groupId>org.eclipse.jetty</groupId>
    <artifactId>jetty-maven-plugin</artifactId>
    <version>9.4.7.v20170914</version>
  </plugin>
</plugins>
```

なお、**リスト1-6**に書かれた「Jettyプラグイン」のバージョンは、本書執筆時のものです。

最新バージョンの情報を含む「Jetty Mavenプラグイン」の導入法につ

19

第1章 「Javaフレームワーク」と「Maven」

いては、以下のWebページを参照してください。

＜「Jetty Mavenプラグイン」の説明ページ＞

https://www.eclipse.org/jetty/documentation/current/jetty-maven-plugin.html

以上、「pom.xml」の全文を、**リスト1-7**に示します。

【リスト1-7】numbers3.kt

```
<project xmlns="http://maven.apache.org/POM/4.0.0"
xmlns:xsi="http://www.w3.org/2001/XMLSchema-instance"
xsi:schemaLocation="http://maven.apache.org/POM/4.0.0
http://maven.apache.org/maven-v4_0_0.xsd" >
  <modelVersion>4.0.0</modelVersion>
  <groupId>net.supportdoc</groupId>
  <artifactId>mystruts2</artifactId>
  <version>1.0</version>
  <packaging>war</packaging>
  <build>
    <finalName>mystruts2</finalName>
    <plugins>
      <plugin>
        <groupId>org.eclipse.jetty</groupId>
        <artifactId>jetty-maven-plugin</artifactId>
        <version>9.4.7.v20170914</version>
      </plugin>
    </plugins>
  </build>
</project>
```

最後に、「pom.xml」を保存します。

[1-4] プロジェクト管理ツール「Maven」

これが、「Maven で何かができることを確かめる」ための最低限の記述です。

■「Mavenプロジェクト」を実行

●「Jettyサーバ」を実行

では、このMaven プロジェクト「struts2」を実行してみましょう。

実行の方法はいろいろあります。このプロジェクトでできるのは、「Jettyサーバを実行」です。

●プロジェクト・フォルダで「コマンド・ウィンドウ」を開く

プロジェクト・フォルダに移動してコマンドを実行しますが、いい方法があります。

いま、「VSCode」でプロジェクト・フォルダを開いていますが、開いたフォルダ内からコマンドを実行するターミナルを、「VSCode」のワークベンチ上に表示することができます。

メニューから、「表示」→「統合ターミナル」を選択してください。

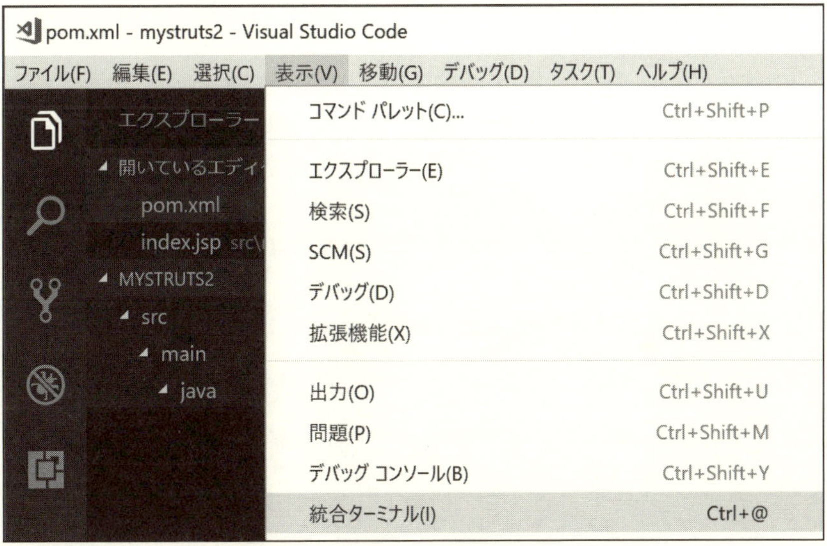

図1-7　「表示」→「統合ターミナル」

第1章 「Javaフレームワーク」と「Maven」

すると、ウィンドウ下部に「ターミナル」が開きます。

図1-8　「VSCode」の下部に、「ターミナル」が開く

　プロンプト（入力を促す「>」の文字）に、**リスト1-8**のように入力してください。
　これは、「Jetty Mavenプラグイン」で定められた、「Jetty」を起動させるためのコマンドです。
　「mvn」は、「Mavenプラグイン」に共通の実行コマンドです。

【リスト1-8】「Jetty」を起動させるコマンド

```
mvn jetty:run
```

　リスト1-8のコマンドを実行すると、「Jetty」がまだインストールされていなくても、インターネット上の「専用ファイルサーバ」（レポジトリ）から自動でダウンロードとインストールが行なわれます。
　そのため、最初の起動にはしばらく時間がかかります。

[1-4] プロジェクト管理ツール「Maven」

その間、ターミナルにはいろいろなメッセージが表示されます。

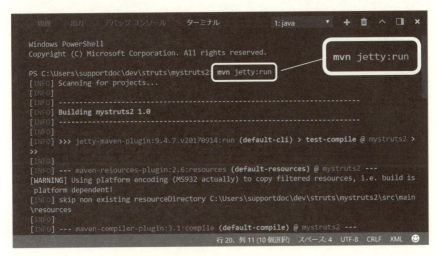

図1-9 「jetty:run」コマンドとその応答メッセージ

図1-10のように「Started Jetty Server」と表示されれば、「Jetty」の起動は成功です。

```
[INFO] Started Jetty Server
```

図1-10 「Jetty」の起動成功メッセージ

「Jetty」が正常に起動していることを確かめるには、Webブラウザを起動して、アドレス欄に次のURLを入力してください。

【リスト1-9】「Jettyサーバ」の起動を確認

```
http://localhost:8080
```

無事、「Jettyサーバ」にアクセスできていれば、ブラウザに「Directory:/」が装飾されたフォントで表示されます。

23

第1章　「Javaフレームワーク」と「Maven」

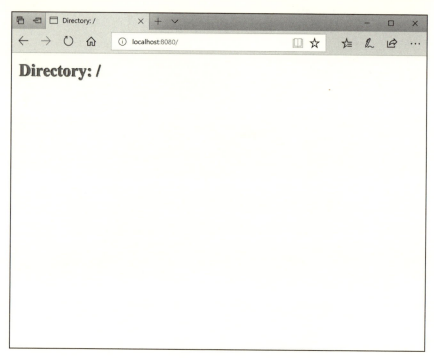

図1-11　「Jettyサーバ」にブラウザからアクセス

＊

　以上が「Maven」を用いたWebアプリ作成の基本です。
　このプロジェクトをそのまま、次章の「Struts2」の内容に使っていきます。

　「Jettyサーバ」を終了する場合は、ターミナルの画面をクリックして（アクティブにする）、「Ctrl+C」の終了コマンドを送ってください。

第**2**章
Struts2

「Struts」（ストラッツ）は、"Javaフレームワークの元祖"と
呼ばれるプロジェクトで、現在はバージョン「2」として進歩
を続けています。
「何から何まで自動」というわけではないので、Javaの標準的
なWebアプリの仕様も確認できます。

2-1 | 「Webアプリ」を構築

■「Struts」とは

●歴史上ほぼ初めてのJavaフレームワーク

　本節では最初に、「Struts」の概要を紹介します。

　「Struts」は2000年ごろ、「JavaによるWebアプリ」という考えが最初
に広まったとき、「決まった書き方をすれば動く」という"仕様"としてス
タートしました。
　ファイル作成や中身の記入も、仕様書に従って、すべて自分で行なった
のです。
　それでも、「同じような書き方ですべてが動く」ということで、アプリ
ケーションの作成効率を大きく改善しました。

●いまは「Struts2」

　いまは「バージョン2」となり、「Struts2」が正式名称です。
　「Maven用プラグイン」として提供されるようになったため、ファイル
の作成や自動化も進みましたが、このあと学ぶ「Spring」などに比べると、
自分で作業することが多く残されています。

　そこで、「汎用的なJavaによるWebアプリの作り方」を学ぶためにも、
まず「Struts2」を体験してみましょう。

25

第2章　Struts2

■Webアプリの構造を作成

●いまはサーバが起動しただけ

第1章では、「mystruts2」というプロジェクトを作り、「mvn」コマンドで「Jettyサーバ」を起動するところまでを試しました。

しかし、まだアプリケーションそのものは作っていません。

とにかくWebアプリらしいものにしてみましょう。

●「Jettyサーバ」のための構造

これからの作業は、まだ「Struts」に関係なく、「Jettyサーバ」でWebアプリを動かすための、一般的な構造です。

---

[1]「webapp」フォルダの作成

「src/main」フォルダの下に、「webapp」というフォルダを作ります。

プロジェクトには、「src/main/java」というフォルダを作るところまでを行なったので、この「java」フォルダに並ぶことになります。

[2]「index.jsp」ファイルを作成

「webapp」フォルダの下に「index.jsp」というファイルを作ります。

「VSCode」の「エクスプローラ」上では、図2-1のようになります。

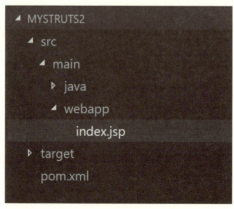

図2-1　「webapp」フォルダと「index.jsp」ファイル

[2-1] 「Webアプリ」を構築

[3] 「index.jsp」ファイルの最初の記述

「index.jsp」には、リスト2-1のように書いておきます。

拡張子「jsp」は、Javaで決められている「JSP」(アクティブ・サーバ・ページ)の拡張子です。

「JSP」は、HTMLの中に「<%....%>」というタグによって、Javaコードを埋め込む書き方です。

*

まず、リスト2-1の「<%@page...%>」というタグで、このファイルが「JSP」形式であることを示します。

【リスト2-1】「index.jsp」の書き出し

```
<!DOCTYPE html>
<%@ page language="java" contentType="text/html; charset=UTF-8"
pageEncoding="UTF-8" %>
```

ただし、最初はリスト2-2のように、ただのHTML文を書いておきます。
リスト2-1のあとに続けて書いてください。

【リスト2-2】ただのHTML文

```
<html>
  <head>
    <meta charset="UTF-8">
    <title>My Struts2</title>
  </head>
  <body>
    <h1>まだStrutsではありません</h1>
  </body>
</html>
```

第2章　Struts2

[4]「pom.xml」に「コンテキスト・パス」を設定

「pom.xml」を開き、前章で「Jettyプラグイン」について書いた**リスト1-6**の「plugin」要素に、**リスト2-3**に示すように追記します。

「configuration」「WebApp」「contextPath」という「3重ネスト」の要素になります。「大文字」と「小文字」の区別に気をつけてください。

【リスト2-3】「コンテキスト・パス」を3重ネストで追加

```
<plugin>
  <groupId>....</groupId>
  <artifactId>....</artifactId>
  <version>....</version>
  <configuration>
    <webApp>
      <contextPath>/mystruts2</contextPath>
    </webApp>
  </configuration>
</plugin>
```

「contextPath」(コンテキスト・パス)とは、「文書へのパス」の意味で、この設定はWebサーバの設定で言う、「ルート・ドメイン」に似たものです。

●「Jetty」を起動して動作確認

ファイルをすべて保存したら、「Jettyサーバ」を起動します。
リスト1-8の実行コマンドを再掲します

【リスト2-4】「Jetty」を起動させるコマンド (リスト1-8を再掲)

```
mvn jetty:run
```

Webブラウザを起動し、**リスト2-5**のアドレスを指定します。
リスト2-3で記述した「コンテキスト・パス」です。

【リスト2-5】「コンテキスト・パス」を開く

```
http://localhost:8080/mystruts2
```

図2-2のようにページが表示されたら、成功です。

これは、「Jetty」の仕様に従ったWebアプリです。まだ「Struts」ではありません。

図2-2　Webアプリにはなったが「Struts」ではない

サーバを終了し、次に進みます。。

2-2 「Struts」を構築

■どうすれば「Struts」になるのか

●ファイルの種類

では、「Strutsフレームワーク」のアプリとは、どんなものでしょうか。これは、基本的に3つのファイルからなります。

3つのうち2つは、Javaクラスの定義ファイルです。

①モデル・クラス
　「どんな構造のデータか」という情報を記述するクラス。

②アクション・クラス
　「モデル・クラス」に記述したデータを、どのように使うかを記述するクラス。

第2章　Struts2

もうひとつは、HTMLにJavaのコードを埋め込む「JSP」ファイル。

③ビュー・ファイル

「アクション・クラス」で使われた（処理された）、結果を表示する「JSP」ファイル。

●このアプリでの各ファイルの役割

そこで、最も簡単な例として、ブラウザ上に「Hello Struts2！」のような「固定値」を表示するプログラムを考えます。

すると「モデル・クラス」「アクション・クラス」「ビュー・ファイル」の役割は、以下のようになります。

①モデル・クラス

「データが"Hello Struts2"という固定の文字列である」と記述。

②アクション・クラス

「モデル・クラス」の中から、「Hello Struts2」という文字列を取得。

③ビュー・ファイル

「アクション・クラス」で取得した文字列を表示。

■モデル・クラス
●ファイルの作成

「モデル・クラス」として、「HelloModel.java」というクラスの定義ファイルを作ります。

場所は、プロジェクト・フォルダの「src/main/java」フォルダが基本です。ここまではパッケージ名に含まれません。

そこに、パッケージとして、「net/supportdoc」（または好きなパッケージ名）というフォルダ階層を作り、さらに「helloworld」というフォルダを作ります（このアプリ全体の目的を示す名前です）。

最後に、クラス「HelloModel」の役割を示す「model」という名前のフォルダ作り、そこに「HelloModel.java」を置きます。**図2-3**を参照してください。。

30

[2-2]「Struts」を構築

図2-3　モデル・クラス「HelloModel.java」のフォルダ階層

●クラスの定義

「HelloModel.java」の中身は、リスト2-6のように書きます。
パッケージ名は、図2-3のフォルダ階層に合うように設定してください。

【リスト2-6】「HelloModel.java」全文

```java
package net.supportdoc.helloworld.model;

public class HelloModel{
  private String message;   //プロパティ
  public HelloModel(){
    message="Strutsよこんにちは";
  }

  public String getMessage(){   //データ読み出しのためのメソッド
    return message;
  }
}
```

第2章　Struts2

● 「Struts」の規則

　上記のリスト2-6は、「Struts」の規則に従って描いてあります。
　「Struts」の「モデル・クラス」は、プロパティとデータ読み出しのための「get」メソッドをもちます。
　また、必要に応じて、データ書き込みのための「set」メソッドももっています。

　そのとき、プロパティ名が「message」であったら、プロパティ名の先頭の一文字だけを「大文字」に替えて、「getMessage」とする規則があります。
　多くのJavaのプログラミングでは、ほとんど常識的に、この規則を採用していますが、「Struts」ではこの規則を利用してコードを簡単に書けるようになっており、逆に守らないとプログラムが動きません。

■アクション・クラス

● ファイルの作成

　「アクション・クラス」として、「HelloAction.java」というクラスの定義ファイルを作ります。
　場所は、パッケージ階層を「helloworld」まで作っていったところに、「action」フォルダを作ります。
　「action」フォルダは「model」フォルダと並ぶ形になります。

　この「action」フォルダに、ファイル「HelloAction.java」を作ります。

図2-4
アクション・クラス「HelloAction.java」のフォルダ階層

● クラスの定義

　「HelloAction.java」の中身は、いよいよ「Struts2」らしくなってきます。
少しずつ書いていきましょう。

[2-2] 「Struts」を構築

[1] インポート

まず、**リスト2-7**のように、「パッケージ」と「インポート」を宣言します。
「パッケージ名」は、**図2-4**のフォルダ階層に合うように設定してください。

【リスト2-7】クラスの「パッケージ」と、モデル・クラスの「インポート」

```
package net.supportdoc.helloworld.action;
import net.supportdoc.helloworld.model.HelloModel;
```

リスト2-7で、モデル・クラス「HelloModel」をインポートしましたが、もうひとつインポートするライブラリがあります。

それは、「Struts」のバージョン「2」の前身である「XWork」です。

「OpenSymphony」というプロジェクトで開発していたので、「Struts」に統合されたいま(本書執筆時)も、そのプロジェクト名をパッケージ名に残しています。

*

リスト2-8の「ActionSupport」というクラスをインポートします。

【リスト2-8】「Struts」で用いる、「ActionSupport」をインポート

```
import com.opensymphony.xwork2.ActionSupport;
```

[2] 継承

「アクション・クラス」は、「ActionSupport」クラスを継承します。

よって、クラス「HelloAction」の定義は、**リスト2-9**の通りです。

【リスト2-9】「ActionSupport」を継承する

```
public class HelloAction extends ActionSupport{
```

[3] プロパティ

「アクション・クラス」の仕事は、「モデル・クラス」のオブジェクトを作って、「ビュー」のJSPファイルに渡すことです。

そのために、「モデル・クラス」のオブジェクトを受け取るプロパティが必要です。これを定義します。

33

第2章　Struts2

【リスト2-10】プロパティ「hello」を宣言

```
private HelloModel hello;
```

[4]メソッド

　「モデル・クラス」のオブジェクトを作るメソッドを書きます。

　名前は何でもかまいません（**リスト2-11**では、「create」にしています）。
ただし、処理が終わったら、何か「文字列」を返すのが決まりです。

　リスト2-11では、よく使われる文字列"success"にしています。

【リスト2-11】「create」という名前のメソッド

```
public String create(){
  hello = new HelloModel();
  return "success";
}
```

　決まりなので、とにかく従ってください。あとで、この「メソッド名」や
「文字列」を使います。

　「アクション・クラス」のプロパティ「hello」に、「get」メソッドと、必要
に応じて「set」メソッドを定義しておきます。

　「メソッド名」は、「モデル・クラス」と同じ決まりで、プロパティ名の最
初の文字を「大文字」にして、「get」をつけます。

【リスト2-12】プロパティの「get」メソッド

```
public HelloModel getHello(){
  return hello;
}
```


　以上、「アクション・クラス」の定義「HelloAction.java」の全文を、**リス
ト2-13**にまとめます。

[2-2] 「Struts」を構築

【リスト2-13】「HelloAction.java」全文

```
package net.supportdoc.helloworld.action;
import net.supportdoc.helloworld.model.HelloModel;
import com.opensymphony.xwork2.ActionSupport;

public class HelloAction extends ActionSupport{
  private HelloModel hello;

  public String create(){
    hello = new HelloModel();
    return "success";
  }

  public HelloModel getHello(){
    return hello;
  }
}
```

●「ビュー」のJSP

「ビュー」のJSPは、「webapp」フォルダに置きます。

図2-3のように作った「index.jsp」と、同じ場所です。

名前は「hello.jsp」にします。

これは常識的ですが、決まりではありません。あとでこの名前を使います。

[1]「JSPの最初」に書く共通項目

「JSP」なので、まずリスト2-14を書きます。

【リスト2-14】「JSP」に共通の書き出し

```
<!DOCTYPE html>
<%@ page language="java" contentType="text/html; charset=UTF-8"
pageEncoding="UTF-8" %>
```

35

第2章　Struts2

[2]「Strutsアプリ」に共通の項目

　次に、「Struts」で使う「タグライブラリ」を、**リスト2-15**のように宣言します。

【リスト2-15】「タグライブラリ」を使宣言

```
<%@ taglib prefix="s" uri="/struts-tags" %>
```

リスト2-15の意味は、

> このJSPファイルで"s"という「タグプレフィクス」(タグ名のようなもの)は、「strutsのタグライブラリ」のことである

という宣言です。

　「タグライブラリ」によって、JSPの中に埋め込むJavaのコードを、簡単な「タグ記号」に置き換えることができます。

[3]「タグライブラリ」を使って、画面表示

　リスト2-15で定義した「s」を、**リスト2-16**のように使ってみましょう。

【リスト2-16】「タグライブラリ」を使う

```
<html>
  <head>
    <meta charset="UTF-8">
    <title>My Struts2 hello.jsp page</title>
  </head>
  <body>
    <h2>これはStruts</h2>
    <s:property value="hello.message"/><br>
  </body>
</html>
```

　リスト2-16は、「hello.message」という文字列を表示するのではありません。

　「s」のあとについている「:property」というのは、JSPの仕様では「アクション」と呼ばれている、動作を命令する書き方にのっとっています。

[2-3] 設定ファイル

「:property」は、「関連するクラスのプロパティを参照する」という動作を命令します。

ゆえに「hello.message」は、アクション・クラス「HelloAction」のプロパティ「hello」の、さらにプロパティ「message」を参照します。

「hello」はモデル・クラス「HelloModel」のオブジェクトであり、そのプロパティ「message」の値は、**リスト2-6**によって無条件で「"Strutsよこんにちは"」という文字列になっています。

それが、**リスト2-16**の部分に表示されることになります。

以上、3つの役割を分担するファイルを書きましたが、まだ連携できていません。そこで、これらを「設定ファイル」で連携していきます。

2-3 設定ファイル

■web.xml

●JavaのWebアプリで必要

「web.xml」とは「JavaのWebアプリ」の仕様で必要とされる設定ファイルです。

ファイルの置き場所も決まっています。

●ファイルの置き場所

「VSCode」の「エクスプローラ」などを利用して、「webapp」フォルダの下に「WEB-INF」フォルダを作り、そこに置きます。

図2-5
「web.xml」の位置（「WEB-INF」フォルダも作る）

第2章　Struts2

●書き方の規則

「web.xml」は、リスト2-17のような「web-app」タグで囲む決まりです。

【リスト2-17】「web.xml」の書き方

```
<?xml version="1.0" encoding="UTF-8"?>
<web-app id="mystruts2" version="3.0"
  xmlns="http://java.sun.com/xml/ns/j2ee"
  xmlns:xsi="http://www.w3.org/2001/XMLSchema-instance"
  xsi:schemaLocation="http://java.sun.com/xml/ns/j2ee http://java.
sun.com/xml/ns/j2ee/web-app_3_0.xsd">

  <!--ここにさらに書く-->

</web-app>
```

リスト2-17では、属性「version」の数値と、最後の行の「web-app_3_0.
xsd」という語の数字を合わせます。

これらはWebアプリの「仕様のバージョン番号」で、本書で採用した
「3.0」は「J2EE 6.0」に相当する仕様です。

●「Struts」を使う設定

「web.xml」には、Webアプリのいろいろな設定、とりわけ「ページのア
ドレス」と「動作するJavaクラス」の設定を書きます。

「Struts2」では、ページのアドレスと動作するJavaクラスの対応は、
「Struts」の独自の規則に従います。

そこで、「フィルタ」と呼ばれる役割のライブラリに内部で設定を行な
わせて、プログラムを書く人はその「フィルタ」を使う指定だけを「web.
xml」に書けばすみます。

*

リスト2-17の「ここにさらに書く」とコメントしたところに、リスト
2-18を書きます。

[2-3] 設定ファイル

下の長い名前の「フィルタ・クラス」をフィルタ名「struts2」で表わすことができるようになりました。

なお、要素「filter-class」の中身は、実際には一行で書いてください。

【リスト2-18】「フィルタ・クラス」を用いる設定

```
<filter>
  <filter-name>struts2</filter-name>
  <filter-class>org.apache.struts2.dispatcher.filter.StrutsPrepareAnd
ExecuteFilter</filter-class>
</filter>
```

そこでリスト2-18の下に、リスト2-19を書きます。

このフィルタを、すべてのWebページのアドレスに適用するという設定です。

これで、「ページ名」と「動作」が、「Struts2」の規則で対応することになります。

【リスト2-19】「フィルタ」を適用するURLパターン

```
<filter-mapping>
  <filter-name>struts2</filter-name>
  <url-pattern>/*</url-pattern>
</filter-mapping>
```

■struts.xml

●ファイルの置き場所

「ページアドレスと動作するクラスの関係」など「Struts」特有の設定は、「struts.xml」というファイルに書きます。

「struts.xml」は、フォルダ「src/main」の下に「resources」というフォルダを用意し、その下に作ります。

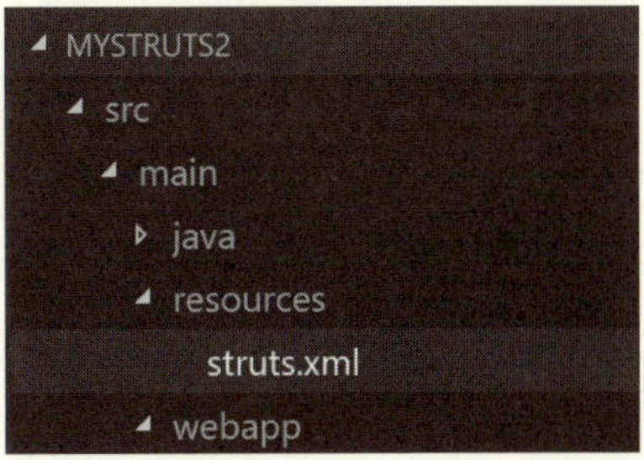

図2-6
「resources」フォルダと「struts.xml」フォルダ

第2章　Struts2

●「struts.xml」に特有の表記

　「struts.xml」は、最初にリスト2-20のように「DTD」という書式定義を用いるという宣言をします。

（「2.5」は、執筆当時の「Struts」のバージョンです）。

【リスト2-20】「struts.xml」の書き出し

```
<?xml version="1.0" encoding="UTF-8"?>
<!DOCTYPE struts PUBLIC
  "-//Apache SoftWARe Foundation//DTD Struts Configuration 2.5//EN"
  "http://struts.apache.org/dtds/struts-2.5.dtd">
```

●「struts」タグ

　リスト2-20の下に、設定本体である「struts」タグを書きます。

　まず、リスト2-21は、「開発モード」でコンパイル＆実行する設定です。

【リスト2-21】開発モードでコンパイルする設定

```
<struts>
  <constant name="struts.devMode" value="true" />
  <--! ここにさらに書く -->
</struts>
```

●「WAR」ファイルの作り方を指定

　リスト2-21で「ここにさらに書く」とコメントしたところに、リスト2-22の「package」タグを書きます。

　その中にまだ書くことがありますが、まずはリストを見てください。

【リスト2-22】Webアプリに「Struts」のライブラリを含める

```
<package name="mystruts2" extends="struts-default">
  <!--ここにさらに書く-->
</package>
```

[2-3] 設定ファイル

リスト2-22では、アプリケーションを「mystruts2」という名前の「WAR」ファイルに書き出す設定です。

本書では「内部Jettyサーバ」でテスト実行するだけなので、「WAR」は目に見える形では作りませんが、設定は必要です。重要なのは「extends」という属性です。

「Struts」で動かす「WAR」ファイルには、「Struts」のライブラリを含めなければならないのでこのように書きますが、**リスト2-22**の「"struts-default"」とは、必要最低限のライブラリを含めるという設定です。

●「アクション」タグ

[1]「アクション・クラス」のメソッド

リスト2-22で「ここにさらに書く」とコメントしたところに、さらに**リスト2-23**を書きます。

【リスト2-23】「アクション・クラス」のメソッドを呼び出す

```
<action name="hello"
  class="net.supportdoc.helloworld.action.HelloAction"
  method="create">
  <!--ここにさらに書く-->
</action>
```

リスト2-23は、言わば「Struts」が「Struts」であるための "キモ" です。

「アクション」に対する設定であり、ある動作を実行するために必要なクラスのメソッドや、その実行結果を表示する画面記述ファイルなどをまとめて書きます。

属性「class」と「method」の値を見てください。

クラス名は（パッケージは、みなさんの使っているパッケージ名にしてください）「HelloAction」であり、メソッド名は「create」です。

このメソッドを実行するアクションの名前を、「hello」とつけています。

41

第2章　Struts2

[2] 結果を表示するページ

最後に、リスト2-23の「ここにさらに書く」とコメントしたところに、最後の設定リスト2-24を書きます。

【リスト2-24】「hello.jsp」を読み込む設定

```
<result name="success">/hello.jsp</result>
```

リスト2-24は、クラス「HelloAction」のメソッドを実行し、結果として「"success"」という文字列が戻されたら、「hello.jsp」を表示します。

これで、「HelloAction」クラスと「hello.jsp」が結び付きました。

＊

では、アクション名の「"hello"」は何に使うかと言うと、これが「ページURL」になります。

アドレス欄には「hello.jsp」ではなく「hello.action」を記入してください（**2-6節**で説明します）。

2-4 「Struts」のライブラリをダウンロード

■「dependency」として設定

●「pom.xml」に記述

　リスト2-13の「com.opensymphony.xwork2.ActionSupport」は「Struts2」のライブラリなので、入手しなければなりません。

　ライブラリを入手するには、「pom.xml」に記述します。

　その方法として、「Maven プラグイン」として入手する方法をすでに書いてきました。要素「plugins/plugin」です。

　一方、「Struts」のライブラリは、「dependency」(依存ライブラリ)という要素に書きます。

　「dependency」は「dependencies」という要素の中に複数書く形式です。

　そこで、「pom.xml」の中に、「build」と並ぶ形で「dependencies/dependency」の要素を**リスト2-25**のように書きます。

【リスト2-25】「Struts」のライブラリを、「dependency」として指定

```
<build>
  ..........
</build><!---これと並ぶ形-->
<dependencies>
  <dependency>
    <groupId>org.apache.struts</groupId>
    <artifactId>struts2-core</artifactId>
    <version>2.5.14.1</version>
  </dependency>
</dependencies>
</project> <!--すべての終了タグ-->
```

43

第2章　Struts2

2-5　日本語の文字化け対策

■「Maven」のコンパイラ・プラグイン

●初期設定にない設定をつける

　Windowsで「日本語」を含むファイルをコンパイルすると、文字化けする問題があります。

　そのため、「Maven」のコンパイラ・プラグインに、「UTF-8でコンパイルする」というオプションをつけなければなりません。

＊

「pom.xml」を開きます。

　通常は、「Mavenのコンパイラ・プラグイン」は書かなくても当然のこととしてダウンロードされ、使われます。

　しかし、ここでは「UTF-8でコンパイル」のオプションをつけるため、リスト2-26の「plugin」タグを、「plugins」タグの間に追加します。

【リスト2-26】文字化け回避のための「Mavenコンパイラ・プラグイン」の記述

```
<plugin>
  <groupId>org.apache.maven.plugins</groupId>
  <artifactId>maven-compiler-plugin</artifactId>
  <version>3.7.0</version>
  <configuration>
    <encoding>UTF-8</encoding>
  </configuration>
</plugin>
```

　「Mavenコンパイラ・プラグイン」の最新バージョンは、「Maven」本体の最新バージョンと必ずしも一致しません。

　次のURLから確認してください。

＜「Mavenプラグイン」の公式サイト＞

https://maven.apache.org/plugins/maven-compiler-plugin/

以上の対策は、「Maven」を使ったプロジェクトで文字化けが出たとき有効な手段になることが多いので、覚えておきましょう。

2-6 「Struts」を実行

■「Jettyサーバ」で実行

●「hello.action」を開く

ファイルをすべて保存します。コマンド「mvn jetty:run」で、サーバを起動してください。

起動したら、ブラウザでリスト2-27のURLを指定します。

【リスト2-27】「hello.action」を開く

http://localhost:8080/mystruts2/hello.action

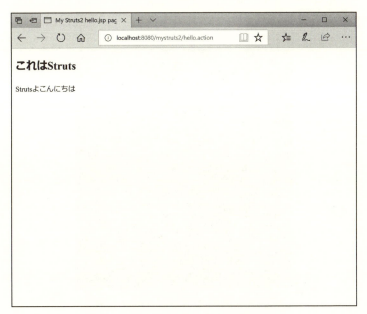

図2-7 「Struts」によるアプリの動作成功

第2章　Struts2

さて、この方法のどこがいいのでしょう。かえって面倒な気がしますね。しかし、面倒なのは最初にアプリを完成させるまでです。

以降、「データ」や「アクション」を加えていくときに、楽になっていきます。

最後に、その楽な感じを実感してみましょう。

2-7　扱うデータを加える

■モデル「GoodbyModel」を追加
●「モデル・クラス」のソースファイルを作成

たとえば、このアプリにもう1つ、「GoodbyModel」というクラスのデータを表示させるとしたら、どうでしょう。

ファイル「HelloModel.java」を作った場所と同じところに、「GoodbyModel.java」を作ってください。

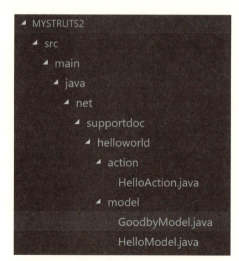

図2-8　「GoodbyModel.java」の位置

このファイルに、**リスト2-28**のようなコードを書きます。

46

[2-7] 扱うデータを加える

パッケージ名は、みなさんの「HelloModel.java」と同じにしてください。

【リスト2-28】GoodbyModel.java（全文）

```java
package net.supportdoc.helloworld.model;
public class GoodbyModel{
  private String report;

  public GoodbyModel(){
    report="Strutsのない世界よさようなら";
  }

  public String getReport(){
    return report;
  }
}
```

このクラスも「Struts」の規則に従い、プロパティ「report」の取得メソッド「getReport」を定義しています。

●「アクション・ファイル」に追記

プロパティ「report」をブラウザ画面に表示させるには、すでに作ったファイル「HelloAction.java」に、**リスト2-29**のように追記します。

具体的には、プロパティ「goodby」と、その取得メソッド「getGoodby」を追記しています。

【リスト2-29】「HelloAction.java」変更後（全文）

```java
package net.supportdoc.helloworld.action;
import net.supportdoc.helloworld.model.HelloModel;
import net.supportdoc.helloworld.model.GoodbyModel; //追記
import com.opensymphony.xwork2.ActionSupport;


public class HelloAction extends ActionSupport{
```

47

第2章　Struts2

```
  private HelloModel hello;
  private GoodbyModel goodby; //追記

  public String create(){
    hello = new HelloModel();
    goodby = new GoodbyModel(); //追記
    return "success";
  }

  public HelloModel getHello(){
    return hello;
  }

  public GoodbyModel getGoodby(){ //追記
    return goodby;
  }
}
```

●JSPの追記は簡単

しかし、「hello.jsp」には、リスト2-30を加えるだけです。

【リスト2-30】「hello.jsp」追記内容

```
<s:property value="goodby.report"/></br>
```

●実行してみよう

ファイルをすべて保存します。

一度「Ctrl+C」コマンドで「Jetty」を終了し、再び「mvc jetty:run」で起動してください。

「Strutsのない世界よさようなら」という文字も表示されます。

48

[2-7] 扱うデータを加える

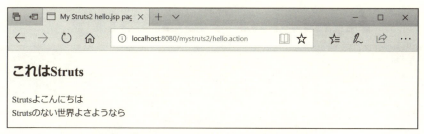

図2-9 「GoodbyModel」のデータ内容も表示される

● どこが簡単だったのか

　以上のように、フレームワーク化された「Struts」では、データモデルに変化があっても、共通の規則で簡単に「アクション・クラス」を更新できました。
　さらに、「ビュー」のJSPに至っては、ただ「goodby.report」というプロパティを記入するだけです。

　「データ・モデル」や「アクション・クラス」に何が起こったか、まったく知らなくてもファイルを更新できました。
　そして、「web.xml」や「struts.xml」などの設定ファイルは、まったく変更の必要がありませんでした。

＊

　以上、「Struts2」を用いて、以下の基本を学ぶことができました。

① 「MVCフレームワーク」の仕組み
② JavaのWebアプリに共通の設定
③ 「pom.xml」を必要に応じて書き換える

　以後のフレームワークは、もっと自動処理が多くなりますが、そのフレームワークに固有な書き方も多くなります。
　基本を思い出すには、本章を確認してください。

第**3**章

Apache Tapestry

「Apache Tapestry」（アパッチ・タペストリー）は、「画面表示」を重視する「リッチ・クライアント」フレームワークです。といっても画面表示を華麗にするのはHTMLの問題で、Javaの問題ではないので、「画面表示を華麗にできる人に渡す」というところまでJavaでどのようにもっていくかを解説します。

3-1 「Tapestry」のプロジェクト

■「Apache Tapestry」とは

●「Struts」と対照的な位置付けで登場

　「Apache Tapestry」は、「Struts」の最初のバージョンが現われて、大きな注目を浴びた2000年ごろに、「Struts」よりも「画面表示の豊かさ」を重視するフレームワークとして現われました。

●「アクション・ベース」と「コンポーネント・ベース」

　「Struts」は、「Strutsよこんにちは」という文字列を表示させるという「アクション」のためにアプリを構築します。
　これを、「アクション・ベース」のアプリと呼びます。

　一方、本章で作る「Tapestry」は、「一枚のページを作る」ためにアプリを構築します。
　これを、「コンポーネント・ベース」のアプリと呼びます。

　「ログイン」などの目的がはっきりしている場合は、「アクション・ベース」が構築しやすいでしょう。
　しかし、最近は「リッチ・クライアント」を目的に、「コンポーネント・ベース」が好まれているようです。
　TypeScriptで書くフレームワーク「Angular」などは、その一例です。

50

[3-1] 「Tapestry」のプロジェクト

■ 「Maven Archetype」で作成

● 「Maven Archetype」とは

　「Maven Archetype」とは、「Maven」の機能（プラグインとして組み込みずみ）のひとつで、インターネット越しにフレームワークの「カタログ」を読み込み、それに従ってフレームワークのプロジェクトを自動作成します。

　フレームワークの提供者が、専用の「カタログ参照サイト」（レポジトリ）を公開しているので、そのURLを呼び出します。

● 「Maven Archetype」のコマンド

　適切なフォルダで、**リスト3-1**のコマンドを実行しますが（一行で書き切る）、「Maven Archetypeプラグイン」によっては次ページ**図3-1**のようなエラーが出るかもしれません。

【リスト3-1】基本的にはこのコマンド

```
mvn archetype:generate
 -DarchetypeCatalog=http://tapestry.apache.org
```

　その場合は、「Maven Archetypeプラグイン」のバージョンを、動作報告の出ているものに変更します。

　本書執筆時では、**リスト3-2**のように「バージョン2.4」で正常動作することが確認されています（これも一行で書ききってください）。

　「:」のあとには空白を置きません。「-D」の前には空白を置きます。

【リスト3-2】プラグインのバージョンを指定

```
mvn org.apache.maven.plugins:
maven-archetype-plugin:2.4:generate
 -DarchetypeCatalog=http://tapestry.apache.org
```

第3章　Apache Tapestry

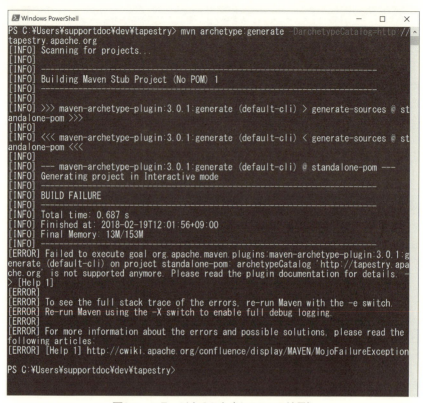

図3-1　エラーが出るかも（リスト3-1の結果）

●コマンド実行の中で、質問に答えていく

　コマンドが正常に動作すると、作る「Tapestry」プロジェクトの詳細が質問されます。

[1]カタログに用意されている「テンプレート」の種類を選ぶ

　図3-2には「Tapestry 5 quickstart」と「Tapsetry4.1.6」から選ぶことになっています。

　ここでは、「1」と入力してください。

52

[3-1] 「Tapestry」のプロジェクト

```
Windows PowerShell                                              −  □  ×
PS C:¥Users¥supportdoc¥dev¥tapestry> mvn org.apache.maven.plugins:maven-archetype-plug
in:2.4:generate -DarchetypeCatalog=http://tapestry.apache.org
[INFO] Scanning for projects...
[INFO]
[INFO] ------------------------------------------------------------------------
[INFO] Building Maven Stub Project (No POM) 1
[INFO] ------------------------------------------------------------------------
[INFO]
[INFO] >>> maven-archetype-plugin:2.4:generate (default-cli) > generate-sources @ stan
dalone-pom >>>
[INFO]
[INFO] <<< maven-archetype-plugin:2.4:generate (default-cli) < generate-sources @ stan
dalone-pom <<<
[INFO]
[INFO] --- maven-archetype-plugin:2.4:generate (default-cli) @ standalone-pom ---
[INFO] Generating project in Interactive mode
[INFO] No archetype defined. Using maven-archetype-quickstart (org.apache.maven.archet
ypes:maven-archetype-quickstart:1.0)
Choose archetype:
1: http://tapestry.apache.org -> org.apache.tapestry:quickstart (Tapestry 5 Quickstart
 Project)
2: http://tapestry.apache.org -> org.apache.tapestry:tapestry-archetype (Tapestry 4.1.
6 Archetype)
Choose a number or apply filter (format: [groupId:]artifactId, case sensitive contains
): :
```

図3-2　カタログから「テンプレート」の種類を選ぶ

[2]「quickstart」のバージョン(「Tapestry」のバージョン)を指定

　最も新しいバージョンがすでに選択されているので、改行キーを押します。

　図3-3では、5番の「バージョン5.4.3」を選んでいます。

```
Choose org.apache.tapestry:quickstart version:
1: 5.0.19
2: 5.1.0.5
3: 5.2.6
4: 5.3.7
5: 5.4.3
Choose a number: 5:
```

図3-3　「quickstart」のバージョン

**[3]「Maven」プロジェクトの設定ファイル「pom.xml」に記入する事項を
設定**

　「プロパティ」として、**表3-1**の項目を設定しますが、**表1-2**ですでに説明
ずみの内容です。

53

第3章　Apache Tapestry

表3-1　プロジェクトのプロパティ

プロパティ名	説　明	図3-4の設定値
groupId	Javaのパッケージに相当 実用時は、メールアドレスなど、 他にないものにする	net.supportdoc
artifactId	Webアプリのアドレスに相当	mytapestry
version	バージョン	初期設定通りに改行を押すだけ
package	原則的に「groupId」と同じ	初期設定通りに改行を押すだけ

```
Define value for property 'groupId' : : net.supportdoc
Define value for property 'artifactId' : : mytapestry
Define value for property 'version' : : 1.0-SNAPSHOT : :
Define value for property 'package' : : net.supportdoc : :
```

図3-4　表3-1の事項を設定している様子

[4]設定の確認

　初期設定では、確認したという「Y」が選択されているので改行を押します。

```
Confirm properties configuration:
groupId: net.supportdoc
artifactId: mytapestry
version: 1.0-SNAPSHOT
package: net.supportdoc
Y: :
```

図3-5　最後に改行で決定

●ダウンロード&インストールは自動

　自動ダウンロードとファイル作成が開始され、「BUILD SUCCESS」と出たら成功です。

[3-1]「Tapestry」のプロジェクト

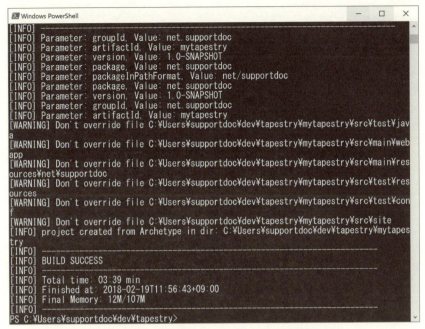

図3-6　自動処理の後「BUILD SUCCESS」

フォルダ「mytapestry」が作られます。

■実行してみよう

●他のプロジェクトの「Jetty」は終了

「内部Jettyサーバ」で実行してみましょう。

もし、前のプロジェクト「mystruts2」などで「Jettyサーバ」を実行中の場合は、終了しておいてください。

●「mvn」コマンドで実行

フォルダ「mytapestry」上で、「mvn jetty:run」コマンドを実行します。

すると、ビルドの過程で、「Tapestry」の文字が「ASCIIアート」で表示されます。

図3-7は、プロジェクト・フォルダを「VSCode」で開き、「統合ターミナル」で実行した様子です。

第3章 Apache Tapestry

図3-7 「Tapestry」のASCIIアートが表示される

　Webブラウザを起動して、アドレス欄にリスト3-3のURLを入力します。

【リスト3-3】アドレス欄に記入

```
http://localhost:8080/mytapestry
```

図3-8 はじめて起動した「Tapestryアプリ」

おめでとうございます。「Tapestryアプリ」が作れました。

●「Tapestryアプリ」を研究する準備

以降は、作った「Tapestry」アプリを研究していきます。
そこで、まず「Ctrl+C」でサーバを停止します。

サンプルとして示されているページは美麗ですが非常に複雑です。
本書では各フレームワークの基本的な仕組みを、なるべく短いコードで紹介していくので、不要なファイルや記述を消します。
間違って消した場合でもやり直せるように、「mytapestry」のフォルダをコピーしておきましょう。

3-2 「Tapestry」を研究

■フォルダとファイルの構造

●JSPではなく「TML」

VSCodeで「mytapestry」フォルダを開き、「エクスプローラー」でフォルダの構造を確認しましょう。

図3-9に見るように、「Tapestry」の特徴は、Webページの表示に「JSP」を使わないことです。

その代わり、「TML」という形式のHTMLに、独自の「タグライブラリ」を埋め込むように記述します（TはTapestryと考えてください）。

●TMLの置き場所

作られた「mytapestry」フォルダでは、「TML」ファイルは「src/main/resources/パッケージフォルダ階層/pages」というフォルダに置きます。

図3-9はパッケージ「net.supportdoc」に対応して、「src/main/resources/net/supportdoc/pages」という階層になっています。

そこに、「About.tml」「Contact.tml」「Error404.tml」「Index.tml」「Login.tml」という5つのTMLファイルがあります。

57

第3章 Apache Tapestry

図3-9では「Index.properties」というファイルは、「Index.tml」の補助ファイルです。

図3-9 「TML」ファイルの位置

●コンポーネント

「Tapestry」では、1つの「TML」ファイルについて、ページを動作させるための1つの「Javaクラス」を作ります。

そのソースファイルを「src/main/java/パッケージフォルダ階層/pages」というフォルダに置きます。

[3-2] 「Tapestry」を研究

図3-10は、パッケージ「net.supportdoc」に対応して、「src/main/java/net/supportdoc/pages」という階層になっています。

そこに、「About.java」「Contact.java」「Error404.java」「Index.java」「Login.java」という5つのJavaソースファイルがあります。

「TML」ファイルとJavaのソースファイルは、同じ名前にする規則があります。

したがって、「TML」ファイルの名前も「大文字」にしなければなりません。

このような同じ名前の「TML文書」と「Javaクラス」の組み合わせを、「コンポーネント」と呼びます。

図3-10　Javaソースファイルの位置

■構造を簡単に

●1ページぶんのファイル群だけ残す

作られたファイルを分かりやすくしましょう。

図3-9から「Index.TML」以外のTMLファイル、図3-10から「Index.java」以外のJavaソースファイルを削除します。

●「TML」ファイルの記述を簡単に

「Index.TML」には長い記述がありますが、消去してリスト3-4の記述だけにします。

第3章　Apache Tapestry

【リスト3-4】「Index.tml」の記述

```
<html t:type="layout" title="Hello "
  xmlns:t="http://tapestry.apache.org/schema/tapestry_5_4.xsd">


  <p>Tapestryのテストページへようこそ。</p>

</html>
```

●Javaファイルの内容も簡単に

一方、「Index.java」はリスト3-5の記述だけにします。

【リスト3-5】Index.java

```
package net.supportdoc.pages;


public class Index{


}
```

■日本語の文字化け対策

●すでに記載の設定に追記

この「mytapestry」プロジェクトでも、日本語をコンパイルできるように設定しておきます。

＊

プロジェクトの「pom.xml」を開いてください。

すでにたくさん記述されていますが、その中にプラグイン「maven-compiler-plugin」の設定も書かれています。

そこに、**図3-11**のように「文字コード指定」を付け加えておきます。

60

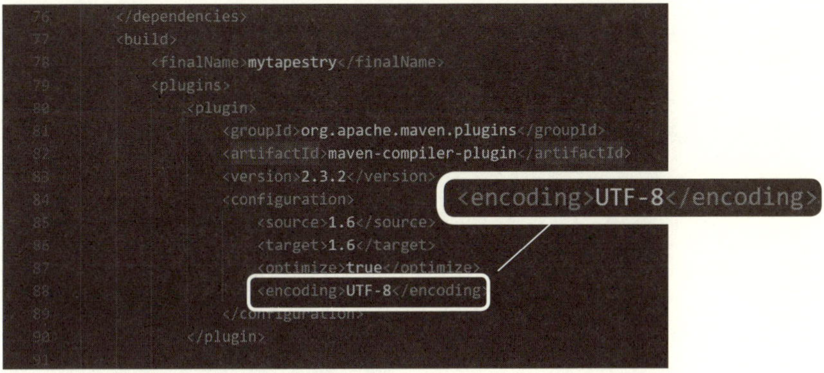

[3-2]「Tapestry」を研究

図3-11 「maven-compiler-plugin」に文字コード指定を追加

■ページ全体のレイアウトを決めるコンポーネント
●まだ残っているものがある

ファイルをすべて保存し、コマンド「mvn jetty:run」でサーバを起動します。

図3-8の画面が図3-12のように簡単になりましたが、まだ部品や「フッター」が残っています。

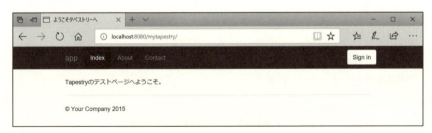

図3-12 身に覚えのない表示が残っている

●「Layout」コンポーネントの場所

これは、ページ全体のレイアウトを決めるコンポーネントがあるからです。

「src/main/resourses/パッケージフォルダ階層/components」というフォルダに「Layout.tml」があり、「src/main/java/パッケージフォルダ階

第3章 Apache Tapestry

層/components」に「Layout.java」があります。

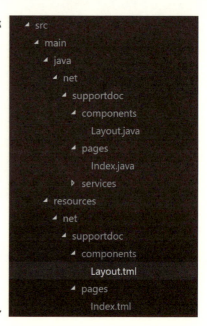

図3-13 「Layout」コンポーネントのファイル

●表示を簡単にする

ここでは、「Layout.tml」のみを簡略にします。

「Layout.java」にも、ここで使わないコードがたくさん書いてありますが、消去しなくてもエラーにならないので、そのままにしておきます。

[1] 「head」要素の内容を減らす

リスト3-6のようにします。

【リスト3-6】Layout.tmlの「head」要素

```
<head>
  <meta charset="utf-8"/>
  <title>${title}</title>
  <!-- Fav and touch icons -->
  <link rel="shortcut icon" href="${asset:context:/favicon.ico}"/>
</head>
```

[3-2] 「Tapestry」を研究

リスト**3-6**の中で、「${title}」は各ページのタイトル、「${asset:context:/favicon.ico}"」はプロジェクトの中にある「favicon.ico」というアイコン・ファイルを指しています。

[2]同ファイルの「body」要素を減らす
内容を**リスト3-7**のようにします。

【リスト3-7】Layout.tmlの「body」要素

```
<body>

  <div class="container">

    <t:body />

  </div>
</body>
```

リスト**3-7**の<t:body/>というところに、各コンポーネントのTMLファイルの内容が入ります。
クラス「container」は、「CSS」ファイルに設定されている書式です。(「CSS」によるスタイル設定の詳しい内容は、本書では省略します)。

●「Jettyサーバ」を再起動

「Jettyサーバ」を一度終了し、また起動してください。
ページが簡単になったのが確認できます。
左の余白だけはスタイル設定されています。

図**3-14**のようになることを確認したら、「Jettyサーバ」を終了します。

第3章　Apache Tapestry

図3-14　簡単になった「Index」ページ

3-3　「動的ページ」を作成

■コンポーネントを新たに作成

●Javaはまだからっぽ

いまの状態では、ただ「Index.tml」に書かれた内容が表示されているだけで、後ろにある「Index.java」には何の動作も指示されていません。

そこで、何か書いてみましょう。
たとえば、「リンクをクリックすると別のページに移動する」という動作を「Index.java」に書いていきます。

●コンポーネント「Hello」のファイルを作成

まず、「Hello」というコンポーネントを作りましょう。
「Hello.tml」と「Hello.hava」を、それぞれ所定の場所に作ります。
図3-15のようになります。

64

[3-3]「動的ページ」を作成

図3-15　コンポーネント「Hello」のファイルを作成

●「Hello.tml」の内容

「Hello.tml」の内容は、**リスト3-8**のようになります。

「html」の開始タグは、「Index.tml」からコピーしてください。

【リスト3-8】「Hello.tml」の全文

```
<html t:type="layout" title="Helloページ"
xmlns:t="http://tapestry.apache.org/schema/tapestry_5_4.xsd" >
  <p>
    Tapestryの世界へ
  </p>
</html>
```

●「Hello.java」の最初の内容

「Hello.java」の全文も、最初は枠組みだけにしておきます。

第3章 Apache Tapestry

【リスト3-9】「Hello.java」の最初の全文

```
package net.supportdoc.pages;

public class Hello{

}
```

■コンポーネント「Index」からのリンクを作成

●TMLに「アクション・リンク」を設定

コンポーネント「Index」を編集します。

「Index.tml」の「body」要素に、リスト3-10のように「アクション・リンク」を記入してください。

【リスト3-10】「Index.tml」の内容

```
<p>
<t:actionlink t:id="hello">Helloページを表示
</t:actionlink>
</p>
```

リスト3-10の「t:actionlink」は、「Tapestry」特有のタグです。

属性「t:id」の値「hello」が大事なので、注目しておいてください。

●リンク先ページの情報を「注入」する

一方、「Index.java」には「Hello.java」のオブジェクトとして、「hello」をプロパティにします。

【リスト3-11】「Index.java」のプロパティ「hello」

```
private Hello hello;
```

リスト3-11の宣言は、要するに「リンク先のページ」です。

このページがどのようにして得られるか、コンポーネント「Hello」の側

[3-3]「動的ページ」を作成

からは見ることができません。

　参照するオブジェクトの情報が与えられないとか、頻繁に変わるというようなとき、プロジェクトのソースコードではオブジェクトの初期化や取得の過程をあえて記載せず、フレームワークの処理に任せる方法がよく使われます。

　「Injection」（インジェクション：注入）という技術です。

＊

　プロパティ「hello」は、クラス「Index」にプロパティとして定義されました。

　このデータ型は、クラス「Hello」のオブジェクトです。

　しかし、「hello」にどのようにオブジェクトを作って代入するかについては、クラス「Index」には記述しません。

　「Tapestry」では、**リスト3-12**のように「アノテーション」を用いて、これは「Inject」するページであることを、コンパイラに知らせます。

【リスト3-12】アノテーション「@InjectPage」

```
@InjectPage
  private Hello hello;
```

　アノテーション「@InjectPage」を用いるには、**リスト3-13**のようにクラス「InjectPage」をインポートしておきます。

【リスト3-13】クラス「InjectPage」をインポート

```
import  org.apache.tapestry5.annotations.InjectPage;
```

　これで、プロパティ「hello」は、「すでにクラスHelloのオブジェクトが代入されたもの」として使っていけます。

67

第3章　Apache Tapestry

●「アクション・リンク」に対応するメソッド

　リスト3-10で書いた「アクション・リンク」のidである「hello」を受けて、リスト3-14のようなメソッド「onActionFromHello」を定義します。

　メソッド名は決まりであり、「アクション」ですから「onAction」、idが「hello」なので最初の「h」を大文字にして、そのあとにつけています。

【リスト3-14】メソッド「onActionFromHello」

```
Object onActionFromHello(){
  return hello;
}
```

　リスト3-14では戻り値のデータ型を「Object」で定義し、実際は「Hello」のオブジェクトである「hello」を戻しています。

　これで、コンポーネント「Index」の表示内容が「Hello」に切り替わることになります。

*

　以上、「Index.java」の全文を示します。

【リスト3-15】「Index.java」全文

```
package net.supportdoc.pages;
import  org.apache.tapestry5.annotations.InjectPage;

public class Index{
  @InjectPage
  private Hello hello;

  Object onActionFromHello(){
    return hello;
  }
}
```

68

[3-3]「動的ページ」を作成

■動作を確認

●「Index」ページを開く

「Jettyサーバ」を起動します。

「localhost:8080/mytapestry」のアドレスで表示される「Index」のページには、図3-16のように「リンク」が表示されます。

図3-16　リンクが表示された「Index」ページ

●リンクをクリック

「Helloページを表示」というリンクをクリックすると、図3-17のように「Hello」のページが表示されます。

図3-17　「Hello」ページへリンク

確認したら、「Jettyサーバ」を終了します。

第3章　Apache Tapestry

■「Hello.tml」と「Hello.java」の連携

●プロパティを作成

リンク先の「Hello」ページでも、TMLとJavaを連携させて何か表示してみましょう。

クラス「Hello」において、基本的には**リスト3-16**のようにプロパティ「message」を定義し、その「message」に値を与えるメソッド「sayHello」を定義します。

・戻り値

プロパティに値を代入する作業は、特に値を戻す必要がないので、戻り値は「void」。

・修飾子

メソッドには「アクセス修飾子」（private、publicなど）がついていないので、「同じパッケージのクラスのオブジェクトからは呼び出せる」という「protected」の扱い。

【リスト3-16】クラス「Hello」の定義の中身（基本）

```java
private String message;

void sayHello(){
  this.message="おじゃまします";
}
```

●TMLにJavaのプロパティを渡す考え方

このプロパティ「message」の値を、「Hello.tml」で表示します。

リスト3-8で書いておいた「Tapestryの世界へ」に、**リスト3-17**のように記述を加えると、「Tapestryの世界へおじゃまします」という文字が表示されるのが基本の仕組みです。

[3-3]「動的ページ」を作成

【リスト3-17】プロパティ「message」の値を表示

```
Tapestryの世界へ${message}
```

　「message」に値を与える「sayHello」メソッドを、クラス「Index」のプロパティ「hello」が呼び出すことで、リンク先のページである「hello」のプロパティ「message」に「おじゃまします」が入ります。

●メソッド「onActionFromHello」の基本

　この作業はクラス「Index」のメソッド「onActionFromHello」で行ないます。
　「hello」を戻す前に、「hello」が「sayHello」を呼び出すようにします。

　そこで、メソッド「onActionFromHello」は、最終的に**リスト3-18**のようになります。「Index.java」を開いて、編集してください。

【リスト3-18】クラス「Index」の定義「onActionHello」

```
Object onActionFromHello(){
  hello.sayHello();
  return hello;
}
```

●メソッドに性質を付加する「アノテーション」

　この仕組みの実現のために、クラス「Hello」の定義の中で、**リスト3-16**のプロパティ「message」に、「アノテーション」によって性質を付加します。

・アノテーション「@Property」
　プロパティに必要な「get」メソッド、「set」メソッドを省略できます。

・アノテーション「@Persistent」
　「Index」から「Hello」にページが切り替わったとき、「message」の値が保たれていなければなりません。

71

第3章　Apache Tapestry

　　プロパティ「message」の宣言文の上に、**リスト3-19**のように2つのアノテーションを記載します。

【リスト3-19】2つの「アノテーション」を記載

```
@Property
@Persist
private String message;
```

　　そのために、**リスト3-20**のように2つのクラスをインポートします。

【リスト3-20】「アノテーション」のための2つのクラスをインポート

```
import org.apache.tapestry5.annotations.Persist;
import org.apache.tapestry5.annotations.Property;
```

●最終的なプログラム

　　以上、最終的な「Index.java」「Hello.java」「Hello.tml」の全文は、**リスト3-21～リスト3-23**になります。

【リスト3-21】Index.java

```
package net.supportdoc.pages;
import  org.apache.tapestry5.annotations.InjectPage;

}public class Index{
  @InjectPage
  private Hello hello;

  Object onActionFromHello(){
    hello.sayHello();
    return hello;
  }
}
```

[3-3] 「動的ページ」を作成

【リスト3-22】Hello.java

```java
package net.supportdoc.pages;
import org.apache.tapestry5.annotations.Persist;
import org.apache.tapestry5.annotations.Property;

public class Hello{

  @Property
  @Persist
  private String message;

  void sayHello(){
    this.message="おじゃまします";
  }
}
```

【リスト3-23】Hello.tml

```html
<html t:type="layout" title="Helloページ"
 xmlns:t="http://tapestry.apache.org/schema/tapestry_5_4.xsd" >
  <p>
    Tapestryの世界へ${message}
  </p>
</html>
```

「Jettyサーバ」が動いていたら、いったん終了して、新たに起動してください。

Webブラウザで「http://localhost:8080/mytapestry」を開き、図3-16の画面を出します。

「Helloページ」へのリンクをクリックして、図3-18のように「Tapestryの世界へおじゃまします」という画面が表示されるのを確認してください。

73

第3章　Apache Tapestry

図3-18　最終的な「Hello」ページ

＊

　以上、「Tapestry」の特徴は、「TML」と「Java」を組み合わせて1つのページを表示させる仕組みでした。
　なるべくJavaのコードを打たないように、「アノテーション」でプロパティの性質をコンパイラに直接伝えたり、メソッドの名前に規則をつけたりしています。

第4章

Spring Boot

「Spring Framework」(スプリング・フレームワーク)は
JavaのWebアプリの仕様である「J2EE」(いまの「Java
EE」) に準ずる動作を、もっと簡単な書き方で得るためのフ
レームワークです。
最近は、さらに「Spring Boot」という「スターター・キット」
が登場しました。

4-1 「Spring Boot」でプロジェクトを作る

■「Spring Framework」とは

●「Java EE」の要らない大規模アプリ

2000年の初めに、JavaのWebアプリのための仕様「J2EE」(現在の
「Java EE」)が整えられていきましたが、実行には「J2EE対応のサーバ」
が必要でした。

これをもっと簡単に開発できるようにしたフレームワークが、「Spri
ng」です。

コードを書くときに「J2EE」の書き方にとらわれず、もっと簡単な
Javaのサーバで、「J2EE」で要求する動作を可能にするフレームワーク
として、発表当初から高い評価を得続けています。

●作業を飛躍的に自動化する「Spring Boot」

そして、最近は「Spring Boot」(スプリング・ブート)という、ほとんど
コードを打たず、またフレームワークの仕組みも分からなくてもアプリ
が作れる仕組みが登場しました。

逆に、現在、「Spring Boot」をまったく使わないで「Spring Framewo
rk」のプロジェクトを作ることはできません。

75

第4章　Spring Boot

そこで本書では、(a)「Spring Boot」を全面的に用いたプロジェクトと、(b)あまり使わないようにしたプロジェクトを、それぞれ作ってみます。

■「Maven」で「Spring Boot」のプロジェクトを作る

●「Mavenのプロジェクト・フォルダ」の構造を作る

適切な場所に「helloboot」というフォルダを作り、そこに「Maven」のプロジェクトの特徴である「src/main/java」を作ります。

そして、「helloboot」フォルダの下に、ファイル「pom.xml」を作ります。

●「pom.xml」に記述

「pom.xml」に、次のように記述していきます。

＊

まず、リスト4-1です。
これは、すべてのプロジェクトで共通です。

【リスト4-1】「pom.xml」の共通の記述

```xml
<?xml version="1.0" encoding="UTF-8"?>
<project xmlns="http://maven.apache.org/POM/4.0.0" xmlns:xsi="ht
tp://www.w3.org/2001/XMLSchema-instance"
xsi:schemaLocation="http://maven.apache.org/POM/4.0.0 http://maven.
apache.org/xsd/maven-4.0.0.xsd">
<modelVersion>4.0.0</modelVersion>
```

＊

次にリスト4-2ですが、これは必ず指定するプロジェクトの基本情報です。

実用時には、「groupId」にメールアドレスなどを用いて、「唯一の値」を入れてください。

バージョンは適当です。

【リスト4-2】プロジェクトの基本情報

```xml
<groupId>net.supportdoc</groupId>
<artifactId>helloboot</artifactId>
<version>0.1.0</version>
```

76

[4-1] 「Spring Boot」でプロジェクトを作る

＊

リスト4-3を書きます。

「parent」はMavenプロジェクトにおける「継承関係」です。

「spring-boot-starter-parent」というプロジェクトの、設定内容を継承します。

【リスト4-3】「parent」というタグ

```
<parent>
  <groupId>org.springframework.boot</groupId>
  <artifactId>spring-boot-starter-parent</artifactId>
  <version>1.5.10.RELEASE</version>
</parent>
```

＊

依存する（用いる）プロジェクトを指定する、「dependencies」を書きます。

「spring-boot-starter-web」というプロジェクトを用います。

【リスト4-4】参照するプロジェクト

```
<dependencies>
  <dependency>
    <groupId>org.springframework.boot</groupId>
    <artifactId>spring-boot-starter-web</artifactId>
  </dependency>
</dependencies>
```

＊

リスト4-5の「properties」タグを書きます。

プロジェクトのプロパティのことですが、Javaのバージョンだけです。

開発環境がそもそも「Java1.8」しかなければ、必要ありません。

【リスト4-5】「プロジェクトのプロパティ」はJavaのバージョン

```
<properties>
  <java.version>1.8</java.version>
</properties>
```

77

第4章　Spring Boot

＊

次にプラグインの記述です。

プラグインは「build」の中に、「plugins」の中で列記します。

リスト4-6はその書き始めと、主役のプラグインである「spring-bood-maven-plugin」です。

【リスト4-6】「Spring Boot」のプラグイン

```
<build>
  <plugins>
    <plugin>
      <groupId>org.springframework.boot</groupId>
      <artifactId>spring-boot-maven-plugin</artifactId>
    </plugin>
```

＊

Windowsで「日本語」を用いるときは、「maven-compiler-plugin」を記述し、その「configuration」要素に「UTF-8」のエンコーディングを指定します。

【リスト4-7】「日本語文字コード」のための、「maven-compiler-plugin」

```
    <plugin>
      <groupId>org.apache.maven.plugins</groupId>
      <artifactId>maven-compiler-plugin</artifactId>
      <version>3.7.0</version>
      <configuration>
        <encoding>UTF-8</encoding>
      </configuration>
    </plugin>
  </plugins>
</build>
</project>
```

[4-2] 最も簡単なアプリケーション

リスト4-7には親要素の「build」、また最後の「project」の終了タグも書いてあります。

＊

リスト4-1からリスト4-7を続けて書いて、「pom.xml」は完成です。

これで、Javaのソースファイルなど「アプリ本体」を書く準備ができました。

4-2 最も簡単なアプリケーション

■ファイルを作る

●「Application」と「コントローラ」

「Spring Boot」の構造は、主に「Application.java」という名前の「メイン・クラス」に相当するクラスと、各ページに相当する「コントローラ・クラス」で構成されています。

●ファイルの置き場所

まず、クラス「Application」と簡単な「コントローラ・クラス」である「HelloBootController」を作ってみましょう。

「src/main/java」フォルダの下に、さらにパッケージ階層フォルダを作り、その中にファイル「Application.java」と「HelloBootController.java」を作ります。

このプロジェクトでは、「net.supportdoc.helloboot」というパッケージにします。

図4-1 2つのJavaソースファイル

第4章　Spring Boot

■「コントローラ」ファイルの書き方

●「アノテーション・クラス」をインポート

「HelloBootController.java」から始めましょう。

リスト4-8がファイルの書き出しです。

1行目は「パッケージ宣言」なので、各自のパッケージ名を宣言してください。

2～3行目が「アノテーション・クラス」です。

クラスの定義の中で「@RestController」「@RequestMapping」というアノテーションを使うためにインポートします。

【リスト4-8】「HelloBootController.java」でインポートするクラス

```
package net.supportdoc.helloboot;
import org.springframework.web.bind.annotation.RestController;
import org.springframework.web.bind.annotation.RequestMapping;
```

●@RestController

クラス「HelloBootController」では、クラスの宣言にアノテーション「@RestController」をつけます。

【リスト4-9】クラス「HelloBootController」の宣言

```
@RestController
public class HelloBootController {
```

「RestController」とは、「REST」と呼ばれる、クライアントとサーバの間の通信様式に従うコントローラであることを示します。

いま編集している内容に限定すると、クライアントからURLの指定を受け取ったときに、画面表示のデータを返すという仕組みです。

＊

リスト4-10のメソッド「index」で説明しましょう。

ブラウザにアドレスを記入して「index」ページを読み込むときに、「"SpringBootからこんにちは"」という文字列を返します。

[4-2] 最も簡単なアプリケーション

このメソッドによって、Webブラウザには「SpringBootからこんにちは」という文字列が表示されることになります。

【リスト4-10】メソッド「index」

```
public String index() {
  return "Spring Bootからこんにちは";
}
```

●@RequestMapping

では、「index」を読み込むアドレスをどう表わせばいいでしょうか。
それを示すアノテーションが、「@RequestMapping」です。

このアノテーションは引数をとり、その中身がアドレスです。
リスト4-11では、「"/"」になっています。

【リスト4-11】アノテーション「@RequestMapping」を用いる

```
@RequestMapping("/")
  public String index() {
```

リスト4-11によって、リスト4-12のアドレスで「SpringBootからこんにちは」という文字列が表示されます。
「"/"」にマッピングしたので、「helloboot」という名前をアドレスに入れる必要はありません。

【リスト4-12】アプリケーションを開くためのアドレス

```
http://localhost:8080/
```

第4章　Spring Boot

■「Application」クラスの定義を作成

●アプリケーションそのものを実行するクラス

アプリケーションそのものを実行するには、クラス「Application」が必要です。

その定義「Application.java」は、**リスト4-13**のように書きます。

【リスト4-13】Application.jaava

```
package net.supportdoc.helloboot;

import org.springframework.boot.SpringApplication;
import org.springframework.boot.autoconfigure.SpringBootApplication;

@SpringBootApplication
public class Application {

  public static void main(String[] args) {
    SpringApplication.run(Application.class, args);
  }

}
```

リスト4-13では、「HelloBootController」に関する記述は何もありません。

アノテーション「@SpringBootApplication」が、必要なすべての参照や作業をコンパイラに指示します。

■アプリケーションを実行

●アプリケーションそのものを実行するクラス

最も簡単な「Spring Bootアプリ」はこれで終わりです。

実行するには、「helloboot」プロジェクト・フォルダにおいて、まず**リスト4-14**のコマンドを実行します。

[4-2] 最も簡単なアプリケーション

これは、「JAR」ファイルを作るコマンドです。

【リスト4-14】「JAR」ファイルを作成
```
mvn package
```

必要なファイルがダウンロードされ、「JAR」ファイルが作られます。

ファイル名は**リスト4-1**の「pom.xml」に書いた、「artifactId」に相当する名前と、「version」の数字から構成されていて、「helloboot-0.1.0.jar」になります。

プロジェクトの「dist」フォルダにあるので、確認してください。

図4-2
生成した「JAR」ファイルの位置と名前を確認

●サーバを含むから「JAR」

なぜ、Webアプリのためのパッケージ形式「WAR」ではないのかと言うと、アプリケーションがTomcat系のサーバを内部に含むからです。

ですから、「JAR」を実行することで、サーバが起動し、アプリケーションを実行するのです。
(「Java9」では、署名のない「JAR」の実行を規制する方向に進んでいるので、「Java8」環境で行なうのが簡単です)。

第4章 Spring Boot

●「ファイル・パス」に気をつけて実行

　プロジェクト・フォルダから実行するならば、フォルダ「target」もたどって、**リスト4-15**のようになります。

【リスト4-15】「JAR」を実行

```
java -jar target/helloboot-0.1.0.jar
```

　サーバの起動に成功すると、「Spring」のアスキーアートが表示されます。

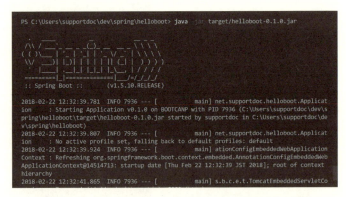

図4-3　「Spring」のWebアプリケーションが実行される様子

●ブラウザから開く

　Webブラウザで、「localhost:8080」を開いてください。
　「SpringBootからこんにちは」という日本語が表示されます。
　ものすごく貧相なアプリですが、こんな短い記述でWebアプリが動きました。

図4-4　最も簡単な「Spring Bootアプリ」

[4-3]「MVC」なプロジェクトを作る

4-3 「MVC」なプロジェクトを作る

■画面を「HTML」で記述するアプリ

●もう1つ「Spring Boot」のプロジェクトを作る

前節の簡単なアプリには、HTMLファイルすらありません。

せめてHTMLファイルくらい欲しいときのために、もう1つ「Spring」によるWebアプリを作ってみましょう。

目的によってクラスを分ける、「MVC」形式のWebアプリです。

＊

4-2節のサーバも「Ctrl+C」で使えます。

プロジェクト・フォルダ「springmvc」を作り、その下に「pom.xml」を作ります。

●「pom.xml」で「thymeleaf」を導入

「pom.xml」の内容は、これまでの「helloboot」に作った「pom.xml」をコピーして、書き換えるのが簡単です。

違いは以下の通りです。

＊

「groupId」と「version」は前と同じでかまいませんが、「artifactId」を変更します。

リスト4-16では、「springmvc」にしました。

【リスト4-16】「artifactId」を変更

```
<groupId>net.supportdoc</groupId>
<artifactId>springmvc</artifactId>
<version>0.1.0</version>
```

＊

HTMLファイルを書くならば、当然Javaクラスのプロパティの値を参照することになります。

そのための「テンプレート作成ライブラリ」(テンプレート・エンジン)を、新たに導入します。

85

第4章　Spring Boot

　ここでは、「thymeleaf」というプロジェクトの「SpringBoot用テンプレート」を利用します。
　リスト4-17のように、「dependency」に追加します。

【リスト4-17】「thymeleaf」のライブラリを参照

```
<dependency>
    <groupId>org.springframework.boot</groupId>
    <artifactId>spring-boot-starter-thymeleaf</artifactId>
</dependency>
```

　「spring-boot-starter-thymeleaf」は、「spring-boot-starter-web」への依存性も含み、リスト4-18は重複するので消去します。

【リスト4-18】これは重複するので要らない

```
<dependency>
    <groupId>org.springframework.boot</groupId>
    <artifactId>spring-boot-starter-web</artifactId>
</dependency>
```

4-4 「MVC」なJavaクラス

■「コントローラ・クラス」の定義ファイルを作る

●汎用的なモデルを表わすインターフェイス

「MVC」というと、「モデル」「コントローラ」「ビュー」を担当する3つのファイルを作るのが普通ですが、これから作るアプリケーションは「コントローラ・クラス」と「HTML」の2つしかありません。

なぜなら、簡単な構造でデータを保存する必要もない場合、わざわざ「モデル・クラス」の定義を1つのファイルに書くのは面倒だからです。

「SpringBoot」では、汎用の「Model」という「インターフェイス」があります。

これを使うことで、すでに何かのモデルのクラスを定義しているかのように、「コントローラ」ファイルの中で使うことができます。

●ファイルを作る

プロジェクト「springmvc」フォルダに「src/main/java」フォルダを作ります。

そこに、さらに「net/supportdoc/springmvc」のようなパッケージ・フォルダを作り、Javaのソースファイルを置きます。

このプロジェクトでは、「MVCDemoController.java」という「コントローラ・クラス」のファイルと、「SpringBoot」に共通の「Application.java」を置きます。

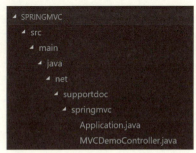

図4-5　Javaのソースファイルを置く場所

第4章　Spring Boot

■「コントローラ・クラス」の枠組み

●クラスの定義の枠組み

「MVCDemoController」は、**リスト4-19**のように「普通のController」という枠組みで作ります。

前のプロジェクト「helloboot」で用いたクラス「RestController」には、テンプレート「Thymeleaf」が対応しないからです。

【リスト4-19】クラス「MVCDemoController」の定義の枠組み

```
import org.springframework.stereotype.Controller;

@Controller
public class MVCDemoController{


}
```

●定義するメソッドの枠組

このクラスには、**リスト4-20**のような構造のメソッドを置きます。

【リスト4-20】「コントローラ・クラス」に定義するメソッドの枠組み

```
@RequestMapping("/mvcdemo")
  public String mvcdemo( //1
  ){
    //2
    return "mvcdemo";
  }
```

・メソッド名

リスト4-20ではメソッド名を「mvcdemo」としていますが、アノテーション「@RequestMapping」で、ブラウザのアドレス欄に「"/mvcdemo"」と入力するとこのメソッドが呼ばれることになるので、メソッド名に制限はありません。

[4-4] 「MVC」なJavaクラス

・戻り値

戻り値が「"mvcdemo"」になっています。

これは、処理を終えたら「"mvcdemo.html"」を呼び出すことを示します。

■「コントローラ・クラス」の内容

●メソッドの内容の概略

リスト4-20に、「//1」「//2」とコメントしたところを書いていきましょう。

*

まず、「//2」から説明します。

ここは、メソッドで行なう処理です。具体的には、データ（モデル）のプロパティに値を入れます。

そして、値は「//1」の部分の引数で受けます。

そこで、基本的には**リスト4-21**のような形になります。

これは、まだ概略です。

【リスト4-21】引数で受け取った値をデータのプロパティに

```
@RequestMapping("/mvcdemo")
 public String mvcdemo( String name
 ){
   model.addAttribute("name", name);
   return "mvcdemo";
 }
```

●データモデルを「注入」

リスト4-21は、「model」という変数で表わされる何らかのデータモデルに、「nameというプロパティ、その値が引数で受け取ったname」というペアを付加します。

「model」に相当するデータモデルは、どこで作るのでしょうか。

そこで便利なのが、インターフェイス「org.springframework.ui.Mod

第4章　Spring Boot

el」です。

　メソッドの「Model model」のように宣言すれば、この変数「model」には、以下の2つの処理が暗黙のうちに行なわれます。

①インターフェイス「Model」を実装する、何らかのクラスのオブジェクトとして初期化される。
②クラス「MVCDemoController」のプロパティになる。

　これは「Tapestry」でも用いた、「注入」の手法です。
　リスト4-22のように書きますが、まだ完全ではありません。

【リスト4-22】「注入」の形で、オブジェクト「model」を導入

```
@RequestMapping("/mvcdemo")
 public String mvcdemo( String name,  Model model
 ){
   ....
 }
```

●引数の与え方を「アノテーション」で指示

　リスト4-22で、引数「name」はどこからくるのでしょうか。
　それを、引数の中に「アノテーション」で書き込むことができます。
　リスト4-23のように、アノテーション「@RequestParam」を用います。

【リスト4-23】「@RequestParam」で、引数「name」をクエリパラメータに

```
public String mvcdemo( @RequestParam(value="name")String name,  ....
```

　リスト4-23で「"value"」とは、「クエリパラメータのパラメータ名」です。
　たとえば、リスト4-24のように書くと、「パラメータnameの値は掛尾」というクエリパラメータが、「mvcdemo.html」に渡されることになりますが、そのパラメータ名が「name」のほうです。

90

[4-4] 「MVC」なJavaクラス

【リスト4-24】「リスト4-23」の使用例

```
mvcdemo.html?name=掛尾
```

*

リスト4-23だけでは、クエリパラメータに必ず何か値を入れなければなりません。

そこで、「値がなければゲストにする」という条件も記すことができます。

【リスト4-25】値がなければゲストにする

```
@RequestParam(value="name",
  required=false, defaultValue="ゲスト")String name,
```

● 「MVCDemoController.java」の全文

これらの「インターフェイス」や「アノテーション・クラス」は、インポートしなければなりません。

そこで、リスト4-26にクラス「MVCDemoController.java」の全文を示します。

なお、パッケージ名は自由に変更してください。

【リスト4-26】「MVCDemoController.java」の全文

```
package net.supportdoc.springmvc;

import org.springframework.stereotype.Controller;

import org.springframework.ui.Model;

import org.springframework.web.bind.annotation.RequestMapping;

import org.springframework.web.bind.annotation.RequestParam;


@Controller

public class MVCDemoController{

  @RequestMapping("/mvcdemo")

  public String mvcdemo(
```

第4章 Spring Boot

```
    @RequestParam(value="name",
    required=false, defaultValue="ゲスト")String name,
    Model model
){
    model.addAttribute("name", name);
    return "mvcdemo";
  }
}
```

■「Application」クラスの内容
●プロジェクトによらず同じでよい

「Application.java」は、「helloboot」と「パッケージ名」以外は同じです。「パッケージ名」については、このプロジェクトに合わせてください。

4-5 「MVC」なコントローラ・クラス

■HTMLファイルを作成
●「resources/templates」フォルダに置く

HTMLファイル「mvcdemo.html」は、図4-6のように、「src/main/resources/templates」というフォルダの下に作ります。

足りないフォルダは、新たに作ってください。

図4-6　HTMLファイルの位置

[4-5] 「MVC」なコントローラ・クラス

■HTMLの内容

● 「Thymeleaf」の「タグライブラリ」を設定

「mvcdemo.html」では、まず**リスト4-27**の通り、「Thymeleaf」の「タグライブラリ」を設定します。

これで「th」と書くと「Thymeleaf」の「タグライブラリ」を使っていることになります。

【リスト4-27】「mvcdemo.html」の書き出し

```
<!DOCTYPE HTML>
<html xmlns:th="http://www.thymeleaf.org">
```

● 「head」要素

「head」要素は、これまでの通りです。タイトルは適当に考えてください。

【リスト4-28】普通の「head」要素

```
<head>
  <title>Spring MVCのテスト</title>
  <meta http-equiv="Content-Type" content="text/html; charset=
UTF-8" />
</head>
```

● 「body」要素

「th」タグライブラリを使って、**リスト4-29**のように、クエリパラメータ「name」の値を書き出します。

【リスト4-29】「Thymeleaf」を使ってクエリパラメータの値を書き出す

```
<body>
  <p th:text="'ようこそ，' + ${name} + 'さん!'" />
</body>
</html>
```

93

第4章　Spring Boot

　リスト4-29には、最後の「html」終了タグも記してあります。

　ゆえに、リスト4-27からリスト4-29を続けて書けば、「mvcdemo.html」が完成します。

4-6　パラメータを変えて実行

■最初の起動

●「JAR」ファイルの作成

　プロジェクト・フォルダ「springmvc」上で、リスト4-14の「mvn package」コマンドを実行して「JAR」ファイルを作ります。

　「pom.xml」内のリスト4-16の記述によって、「springmvc-0.1.0.jar」になります。

●サーバを起動

　「JAR」ファイルを、リスト4-15のコマンドのファイル名だけ変更して、実行してください。

　サーバが起動したら、Webブラウザからリスト4-30のアドレスを開きます。

【リスト4-30】ブラウザで開くアドレス

```
http://localhost:8080/mvcdemo
```

　図4-7のように「ようこそ,ゲストさん！」という画面が表示されます。

図4-7　アプリの初期画面

[4-6] パラメータを変えて実行

■クエリパラメータを与える
●アドレスにクエリパラメータを付加

次に、Webブラウザのアドレス欄を編集して、リスト4-31のようにしてください。

【リスト4-31】Webアプリの URL

```
http://localhost:8080/mvcdemo?name=掛尾
```

図4-8のように、「ゲスト」が「掛尾」に置き換わります。

図4-8　アドレスで与えられたパラメータを反映

*

以上、「SpringBoot」では、「アノテーション」「注入」を用いて、基本的なWebアプリを簡単に作れることが実感できました。

これ以上はコードが複雑になるので、本書では扱いません。

第5章

Java Server Faces

「Java Server Faces」は、「Java EE」の純正Webフレームワークです。
「JavaEE」の純正サーバである、「GlassFish」で動きます。
「Java EE」のアプリケーション作成は大変難しいので、本章ではサンプルを眺めて、構造の概略をつかむだけにします。

5-1 「Java EE」と「Java Server Faces」

■「Java EE」とは

●大規模アプリのための追加仕様とライブラリ

「Java EE」の「EE」は、「Enterprise Edition」(企業版)であり、「Java SE」にはないアプリケーション仕様、およびそのためのライブラリを加えたものです。

データベースとの接続方法や環境が変わってもコードの書き換えが少なくてすんだり、需要に応じて機能を拡張できるなどの特長があります。
一方で、ゼロから書いていくのが大変難しいので、「Java SE」には含まれません。

> ※本書執筆時点で、「Java EE」は商用ライセンス提供者のOracleから、オープンソースの「Jakarta EE」へ、管理の委譲が進んでいます。

●実行環境は「サーバ」

「JavaEE」の「実行環境」とは、実は「サーバ」です。
「Java SE」のように、OSに何かを「インストール」するのではありません。
アプリケーションをサーバに配備して、Webブラウザなどからそのアプリケーションのページを開いて要求を送るのが、「Java EEアプリケーションの実行」です。

[5-1] 「Java EE」と「Java Server Faces」

ですから、「JavaEE対応のサーバ」が必要です。

そこで、「JavaEE」の開発元がその標準的な実行環境として提供しているオープンソースのサーバ、「GlassFish」を用います。

●手作業のビルドは無理

「ビルド」は、自動でなければほぼ無理です。

「Eclipse」などの開発ツールか、「Maven」などを用います。

しかし、「JavaEE」のための「Maven」の「pom.xml」も、開発ツールで自動作成してもらわないと難しいでしょう。

■「Java Server Faces」とは

●「JavaEE」純正のフレームワーク

「Java Server Faces」(以後、「JSF」)とは、「Java EE」の仕様に含まれる、「Java純正のMVCフレームワーク」です。

「JavaEE」を入手すれば、他のフレームワークを頼ることなくMVCアプリケーションを作れる特長があります。

開発&実行環境である「JavaEE」とともに、不整合なくアップデートできる利点ももっています。

●「Java Bean」が主な特長

「JSF」の特徴は、「MVC」の「C」(コントローラ)がさらに2つ、「データの読み書き専用のコントローラ」と「画面表示専用のコントローラ」に分かれるところです。

「データの読み書き専用のコントローラ」を、「Bean」(ビーン:豆)と呼びます。

Javaが英語では「ジャワコーヒー」ということで、コーヒーの連想から「豆」です。

なぜ「豆」かと言うと、1個ずつ独立しているからです。

「データの記述」と「画面表示」の作業を切り離して、独立なプログラムとして書けるようにする仕様です。

97

第5章　Java Server Faces

「JavaEE」全体では、人やモノなどの「データ・モデル」だけではなく、「セッション（いまサーバとやり取りしているログインなどの状態）」や、一連の「処理」なども、「Bean」としてまとめる仕様があります。

5-2　「GlassFish」の入手と設定

■「GlassFish」サーバの入手と設定

●「GlassFish」のダウンロード

「GlassFish」サーバを次のURLからダウンロードしてください。

本書執筆時点では、「Java EE 8 - GlassFish5.0」が最新の安定版です。

＜「GlassFish」サーバのホームページ＞

https://javaee.github.io/glassfish/

「GlassFish」には「Web Profile」と「Full Platform」があります。

前者は、Webアプリのための環境に限定してあります。

「JavaServer Faces」はWebアプリなので、「Web Profile」をダウンロードします。

●「GlassFish」の動作環境を整える

入手できるのは、「glassfish-5.0.web.zip」というZIPファイルです。

これを展開すると「glassfish5」というフォルダになるので、適当な場所に置きます。

「glassfish5」フォルダの中には、「bin」フォルダがあります。

これを、「環境変数Path」に追加登録してください。

98

5-3 サンプルをビルド

■「GlassFish」の公式サンプル

●「GlassFishサンプル」のダウンロード

　「JSF」は、比較的親しみやすい「Java EE」の技術ですが、それでもコンパイルやサーバ配備の設定が大変複雑です。

　そこで、本書では「GlassFishの公式サンプル」で動作を確認し、どのようなコードで書かれているかを確かめるだけにします。

＊

　「GlsssFish」の公式サンプルは、GitHubページからzip形式でダウンロードできます。

＜公式サンプルのGitHubページ＞

https://github.com/javaee/glassfish-samples

　得られるのは、「glassfish-samples-master.zip」というファイルです。
　適当な場所でファイルを展開すると、「glassfish-samples-master」というフォルダが生成します。

●「GlassFishサンプル」の中身を調べる

　入手したサンプルの中身を調べます。
　「ws/javaee8」というフォルダを、「VSCode」で開いてみましょう。

図5-1　「javaee8」というフォルダ

第5章 Java Server Faces

　「VSCode」の「エクスプローラ」で開くと、たくさんのフォルダが見えます。
　その中で、「jsf」というフォルダが「JSF」のサンプル集です。
　フォルダを開くと、「jsf」のサンプルだけでさらにたくさんあります。

図5-2　「JSF」のサンプル

[5-3] サンプルをビルド

■「公式サンプル」をビルド
●すべてのサンプルを一気にビルド

何はともあれ、サンプルを動かしてみましょう。

そのためには、いま「エクスプローラ」で開いているフォルダのすぐ下に、「pom.xml」があることを確認します。

図5-3 「pom.xml」がある

フォルダ「javaee8」上で、**リスト5-1**の「mvn」コマンドを実行します。

【リスト5-1】すべてを「WARパッケージ」にする
```
mvn install
```

このコマンドで、プロジェクトのすべてのサンプルがコンパイルされ、「WAR」ファイルにまとめられます。

少し時間がかかりますが、気長に待ちましょう。

101

第5章　Java Server Faces

5-4　「customConverter」で学ぼう

■「customConverter」の動作確認
●「WAR」生成物の場所

　処理が終わったら、サンプルの「WAR」ファイルを確認します。

　「JSF」のサンプルとして最も分かりやすいと思われるのが、「customConverter」です。

　「converter」(変換器)というからには、入力に何らかの変換を行なって出力するのだと考えられます。

　どんな変換が行なわれるのか、調べてみましょう。

＊

　フォルダ「jsf/customConverter/target」に、「customConverter-5.0-SNAPSHOT.war」というファイルがあります。

図5-4　WARファイルが出来ている

■「customConverter」をサーバで実行
●「asadmin」でサーバを起動

　「GlassFishサーバ」を起動して、図5-4の「WAR」ファイルをサーバに配備します。

[5-4] 「customConverter」で学ぼう

これには、「GlassFish」が与えるコマンド「asadmin」を用います。

「GlassFish」の「bin」フォルダを、環境変数「Path」に登録してあるので、どこからでもコマンドを打てます。
サーバを起動するコマンドは、**リスト5-2**の通りです。

【リスト5-2】サーバを起動

```
asadmin start-domain
```

「ドメイン」とは、「仮想サーバ」のようなものです。
1つの「サーバ・アプリ」について、さらに複数のサーバであるかのように、動作する領域を分けます。

「GlassFish」には、初期の「ドメイン」として「domain1」があり、**リスト5-2**ではドメイン「domain1」が起動します。
ただし、この「domain1」は、ブラウザから開くアドレスには見えません。

● 「VSCode」のターミナル表示を利用

コマンドはどこからでも打てるので、サーバに配備したい「WAR」ファイルになるべく近いところから、コマンドを打ちましょう。

「javaee8/jsf」フォルダからだと、「WAR」ファイルの相対パスは「target/customConverter-5.0-SNAPSHOT.war」となります。
「target」フォルダにまで降りてもいいのですが、他のプロジェクトにも「target」フォルダはたくさんあるので、どこのフォルダか分かりにくくなります。

*

「VSCode」の「統合ターミナル」を、好きなフォルダから開くことができます。
「エクスプローラ」上で移動したいフォルダを右クリックして「コマンドプロンプトで開く」を選びます。

103

第5章　Java Server Faces

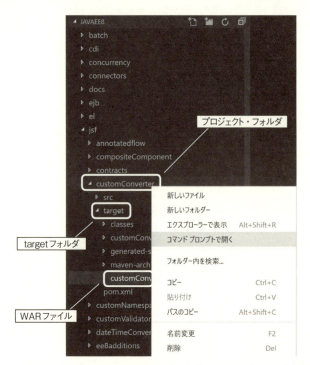

図5-5　「customConverter」から「コマンド・ウィンドウ」を開く

このようにして開いたターミナルから、リスト5-2のコマンドを打った様子が図5-6です。

図5-6　「統合ターミナル」で好きなフォルダからコマンドを打つ

[5-4] 「customConverter」で学ぼう

図5-5で「Admin Port:4848」というのは、「サーバ管理コンソール」のポートです。
(複雑な管理は「専用コンソール」から行なうと便利ですが、本書では扱いません)。

Webページのポートは、「8080」です。

●「asadmin」でアプリをサーバに配備

配備すべきファイルは、「jsf」フォルダからの相対パスで言うと「target/customConverter-5.0-SNAPSHOT.war」になります。

そこで、「asadmin」のコマンドを、リスト5-3のオプションで用います。

【リスト5-3】「asadmin」で「WAR」ファイルをサーバに配備

```
asadmin deploy target/customConverter-5.0-SNAPSHOT.war
```

リスト5-4のような応答を得ることができれば、配備は完了です。

【リスト5-4】配備完了の応答

```
Application deployed with name customConverter.
Command deploy executed successfully.
```

●ブラウザでアプリを開く

ブラウザを起動し、次のアドレスを開いてください。

```
http://localhost:8080/customConverter
```

最初に出るのは、図5-7のような画面です。

105

第5章 Java Server Faces

図5-7 「customConverterr」の初期画面

●リンクをクリックする

図5-7のリンクをクリックすると、図5-8のような画面になります。

図5-8 リンク先画面の表示例

いちばん下に書かれている、「@4a4912b」に注目してください。

●デモ画面を読み込み直す

ブラウザの「戻る」ボタンで図5-7のページに戻ります。
もう一度リンクをクリックすると、この部分が別の英数字になります。

> customconverter.Custom@2f2fc6b8

図5-9 リンク先画面の表示例

[5-5] 画面表示を記述するファイル

アプリの動作としてはこれだけです。
いったい何を表わしているのか、ソースコードを調べてみましょう。

5-5　画面表示を記述するファイル

■画面表示を記述するファイルの置き場所

●「webapp」フォルダの2つのファイル

「VSCode」の「エクスプローラ」で、フォルダ「jsf」を開きます。
まずWebブラウザに表示されている内容に直接関係あるのが、「webapp」フォルダ内のファイルです。

図5-10に示すように、「converterId.xhtml」と「index.xhtml」というファイルです。

「xhtml」は、HTMLをより正しいXML形式で書いたという意味で、意味はHTMLと変わりません。

図5-10　「webapp」フォルダの中身を確認

■「index.xhtml」ファイル

●「index.xhtml」ファイルの重要な箇所

「index.xhtml」の重要な箇所は、リスト5-5です。

107

第5章　Java Server Faces

【リスト5-5】　「index.xhtml」の重要な箇所

```html
<html xmlns="http://www.w3.org/1999/xhtml"
  xmlns:h="http://java.sun.com/jsf/html">
  <h:head>
    <title>Custom converter samples</title>
  </h:head>
  <h:body>
    <h1>Custom converter samples</h1>
    <ul>
    <li>
<a href="#{facesContext.externalContext.requestContextPath}/faces/
converterId.xhtml">
      f:converterId demo</a>
    </li>
    </ul>
  </h:body>
</html>
```

●「Facelets」を利用

リスト5-5では「Facelets」(フェイスレッツ)と呼ばれる「Java Server Faces」のタグライブラリを利用しています。

「Facelets」とは、もともとHTMLの中に埋め込んだ短いプログラムコードを「Scriptlet」(スクリプトレット)と呼んでいるのに由来します。

リスト5-5の中では、リスト5-6によって、「h:で始まるタグはFaceletsのテンプレートである」という宣言をしています。

【リスト5-6】「Facelet」を使う宣言

```
xmlns:h="http://java.sun.com/jsf/html"
```

その上で、リスト5-5では、「head」「body」のタグを「h:head」「h:body」というタグに置き換えて、この中で「Facelet」の書式が使えるようにしてい

[5-5] 画面表示を記述するファイル

ます。

●リンク先のアドレス

リスト5-5ではリスト5-7によって、同じフォルダにある「converterId.xhtml」の内容にリンクするようにしています。

ローカルで同じ場所にあるファイルですが、Webブラウザから要求されたアドレスで読み込みます。

また、「/faces/」というパスが追加されているところに注意してください。

アドレスの表記が長いので改行していますが、「a」の開始タグは一行で書き切ってください。

【リスト5-7】「converterId.xhtml」のアドレスにリンク

```
<a href="#{facesContext.externalContext.requestContextPath}/faces/
converterId.xhtml">
f:converterId demo</a>
```

リスト5-7のリンクを実際にクリックして、移動先である図5-8のアドレス欄を確認してください。

図5-8に示すように、「/faces/というパスの入ったアドレスになっています。

ⓘ localhost:8080/customConverter/faces/converterId.xhtml

図5-11 リンクをクリックしたときのアドレス

■「converterId.xhtml」ファイル

●「converterId.xhtml」ファイルの重要な箇所

その「converterId.xhtml」の内容を見てみましょう。

重要な箇所は、リスト5-8の通りです。

109

第5章 Java Server Faces

【リスト5-8】「converterId.xhtml」の重要な部分

```
<html xmlns="http://www.w3.org/1999/xhtml"
      xmlns:h="http://java.sun.com/jsf/html"
      xmlns:f="http://java.sun.com/jsf/core">
  <h:head>
    <title>Custom Converter - f:converter tag</title>
  </h:head>
  <h:body>
    <h2>Custom Converter - f:converter tag</h2>
    <p>
      ...アプリの説明が書いてある...
    </p>
    <h:outputText value="#{customConverterBean.custom}">
      <f:converter converterId="customConverterId"/>
    </h:outputText>
  </h:body>
</html>
```

●2種類の「Facelet」タグライブラリ

リスト5-8内の、リスト5-9の部分では「Facelet」の2種類のタグライブラリを使う宣言をしています。

【リスト5-9】2種類のタグライブラリを使用

```
xmlns:h="http://java.sun.com/jsf/html"
xmlns:f="http://java.sun.com/jsf/core"
```

「h」で表わされるタグは、「index.xtml」でも使っています。
Javaを使って、「HTML」タグを便利に書くためのタグライブラリです。

「f」で表わされるタグは、JavaのコードをHTMLに埋め込むためのタグライブラリです。

*

[5-5] 画面表示を記述するファイル

リスト5-8で「p」タグの中に書かれた英語は、図5-8でページに表示されているこのアプリの説明なので、表示を省略しています。

■「JSF」に特徴的な書き方

●表示するテキストを表わす

リスト5-8の中で、最も「JSF」に特徴的な書き方を見ましょう。

まず、リスト5-10が「表示するテキスト」を表わします。

【リスト5-10】「JSF」を用いて表示する部分

```
<h:outputText value="#{customConverterBean.custom}">
  ……
</h:outputText>
```

「h:outputtext」が、表示するテキストです。

内容（value）は、「customConverrterBean」という名前のオブジェクトの、プロパティ「custom」の内容です。

●Javaの内容を読み込む

ただし、「子要素」として、リスト5-11があります。

【リスト5-11】「リスト5-10」の子要素

```
<f:converter converterId="customConverterId"/>
```

リスト5-11は、出力内容に「customeConverterId」という名で表わされる「コンバータ」を通す、という意味です。

「コンバータ」は、HTMLではなくJavaの内容なので、タグは「f」で始まっています。

*

以上、出力内容を表わすための「識別名」が異なるタグライブラリを用いて2件記述されています。

「"customConverterBean"」と「"customConverterId"」です。

Javaのソースコードで確認しましょう。

第5章 Java Server Faces

5-6 「JSF」のJavaファイル

■Javaファイルの置き場所
●「Custom」という名の3つのソースファイル

図5-12は、「VSCode」で「java8ee/jsf/customConverter」のプロジェクトについて、「src/main/java」を開いた様子です。

3つのソースファイル「Custom.java」「CustomConverter.java」「CustomConverterBean.java」があります。

図5-12　Javaソースファイルの場所

■「データ・モデル」の定義
●クラス「Custom」の定義は簡単

「Custom.java」は、データ・モデル「Custom」の定義ファイルです。
リスト5-12のように、きわめて簡単です。

[5-6]「JSF」のJavaファイル

【リスト5-12】「Custom.java」全文

```
package customconverter;


public class Custom {
}
```

■「Bean」の定義

●クラス「CustomConverterBean」の基本

「CustomConverterBean.java」は、基本的には**リスト5-13**のような内容です。

【リスト5-13】「CustomConverterBean」の定義の基本的な部分

```
public class CustomConverterBean {
  private Custom custom = new Custom();
  public Custom getCustom() {
    return custom;
  }
  public void setCustom(Custom custom) {
    this.custom = custom;
  }
}
```

●「Bean」の働き

リスト5-13に示されているのは、クラス「Custom」のオブジェクトを作って、それを他のプログラムに渡したり、他のプログラムからの書き換えを行なう機能です。

これが、「Bean」の働きです。

●「Bean」であることを示す、「アノテーション」

コンパイラにこれが「Bean」であることを示すため、クラスの定義にアノテーション「@ManagedBean」をつけています。

「アノテーション」は、ある機能を実現するのにわざわざ特定のクラス

113

第5章 Java Server Faces

やインターフェイス、抽象クラスなどを定義しなくてもよくするための、最近の「オブジェクト指向」の簡便法です。

●「アノテーション」に渡す引数

アノテーション「@ManagedBean」は、引数をとります。

リスト5-14で引数「name」の値が、Webページから呼び出すべきこのクラス（から生成するオブジェクト）の「名前」を定義しています。

【リスト5-14】名前を定義している「アノテーション」

```
@ManagedBean(name = "customConverterBean")
```

●リンクのクリックのたびに呼ばれる

もうひとつ、アノテーション「@RequestScoped」もついています。

これは、Webブラウザから「リクエスト」があるたびに呼ばれることを示します。

このアプリケーションでの「リクエスト」とは、**図5-7**でリンクをクリックする操作です。

そのため、クリックするたびに、新しい「Custom」オブジェクトが作られることになります。

＊

以上、クラス「CuntomConverterBean」の定義にアノテーションをつけたのが、**リスト5-15**です。

詳しくは、ダウンロードしたサンプルコードを確認してください。

【リスト5-15】クラス「CustomConverterBean」にアノテーションをつけて定義

```
@ManagedBean(name = "customConverterBean")
@RequestScoped
public class CustomConverterBean {

    ...................

}
```

5-7 動作を記述するJavaクラス

■クラス「CustomConverter」の定義

●Webブラウザから呼ぶ名前

最後に、クラス「CustomConverter」の定義を調べてみましょう。
クラスの定義の最初の部分が、**リスト5-16**です。

【リスト5-16】「CustomConverter」の定義の最初

```
@FacesConverter(value = "customConverterId")
public class CustomConverter implements Converter {
```

リスト5-16ではアノテーション「@FacesConverter」の引数「value」に
「"customConverterId"」を渡してあります。

Webブラウザが読み込まれるとき、この名前が呼ばれることによって、
オブジェクトが作られ、必要な仕事をします。

●インターフェイスを実装

リスト5-16からは、またクラス「CustomConverter」は、インターフェイス「javax.Faces.convert.Converter」を実装して宣言されていることも
分かります。

「Webアプリの仕事」というのは、だいたいユーザーが入力した何かを
変換して利用するので、このようなインターフェイスが最初から「JSF」
の仕様にあるのです。

■「CustomConverter」のメソッド

●メソッド「getAsObject」

そこで、定義の中ではインターフェイス「Converter」が定義している、
2つのメソッドが実装されています。

ひとつは、**リスト5-17**の「getAsObject」です。

第5章　Java Server Faces

【リスト5-17】メソッド「getAsObject」の実装

```
@Override
public Object getAsObject(
FacesContext context, UIComponent component,
String value) {
  return new Custom();
}
```

　メソッドに渡される3つの変数のうち、「context」と「component」は、アプリケーションが自動で行ないます。

　3番目の「value」は、このメソッドを使って「文字列を何らかのオブジェクトに変換したい」という場合に渡す文字列です。

　リスト5-17では引数に関係なく、ただ新しい「Custom」クラスのオブジェクトを生成して渡します。

●メソッド「getAsString」

　もうひとつのメソッドは、リスト5-18の「getAsString」です。
　こちらは、オブジェクトを何らかの文字列に変換するメソッドです。

【リスト5-18】メソッド「getAsString」の実装

```
@Override
  public String getAsString(FacesContext context, UIComponent component,
  Object value) {
    return value.toString();
}
```

　リスト5-18では、引数として渡されたオブジェクトを、メソッド「toString」で文字列に変換する作業が行なわれます。

116

[5-7] 動作を記述するJavaクラス

●実際に戻っている文字列は？

オブジェクトを文字列に変換すると、OSがそのオブジェクトに与える「識別値」※が、そのまま文字列になります。

図5-8での「@4a4912b」、および図5-9の「@2f2fc6c8」がそれです。

※ポインタ、オブジェクトが置かれているメモリ上の位置を間接的に指す。

■「CustomConverter」の仕組みのまとめ

●リンクをクリックすると、オブジェクトが作られる

以上、詳細な説明は避けますが、このWebアプリ「customConvertor」の仕組みは以下のようであると分かります。

[1]Webアプリを開くと、「index」ページが表示される。

[2]「index」ページの中身として、「comverterId.xhtml」の中身が読み込まれる。

[3]表示されたリンクをクリックすると、「CustomConverter」のメソッド「getAsObject」によって、新しい「Custom」オブジェクトが作られる。

[4]作られた「Custom」オブジェクトが、「CustomConverter」のメソッド「getAsString」で処理され、文字列として「converterId.xhtml」に渡される。

ただし、これだけの記述で処理がすべてなされるためには、フォルダ「webapp/WEB-INF」に置かれている設定ファイルが必要です。

次節でそれを確認します。

117

5-8 Webアプリの設定ファイル

■「CustomConverter」の仕組みのまとめ

●2つの「xml」ファイル

「webapp/WEB-INF」フォルダを開いてみましょう。

図5-13のように、通常のWebアプリに共通の「web.xml」の他に、「glassfish-web.xml」というファイルもあります。

これはサーバ「GlassFish」での動作に特化した設定なので、本書では取り上げません。

図5-13 「WEB-INF」フォルダの中身

●「web.xml」の重要な部分

「web.xml」では、リスト5-19の部分が重要です。

「Java Server Faces」のライブラリにある「javax.faces.webapp.FacesServlet」というプログラムが、「/faces/」パスのついたアドレスのページの動作をコントロールします。

[5-8] Webアプリの設定ファイル

【リスト5-19】「web.xml」で重要な部分

```
<servlet>
  <servlet-name>Faces Servlet</servlet-name>
  <servlet-class>
    javax.faces.webapp.FacesServlet</servlet-class>
  <load-on-startup>1</load-on-startup>
</servlet>
<servlet-mapping>
  <servlet-name>Faces Servlet</servlet-name>
  <url-pattern>/faces/*</url-pattern>
</servlet-mapping>
```

＊

本章では、「JavaEE」準拠のWebアプリの仕組みを眺めるために、以下の作業を行ないました。

---

①「Java EE」の実行環境である、「GlassFishサーバ」をインストール。
②「GlassFish」用の公開サンプルの中から、「Java Server Faces」の公開サンプルの動作を確認。
③サンプルコードの内容から、「JSF」の動作の概要を把握。

「JSF」の他のサンプルや、「Java EE」の他のサンプルも動かしてみてください。
「Java EE」に対する知識が深まるでしょう。

第6章

Apache Wicket

いろいろなWebアプリで、「画面表示」をプログラミングから
切り離そうとする試みが行なわれています。
一方、「Apache Wicket」(アパッチ・ウィケット)は、むしろ
「画面表示のためのHTMLタグ」を、Java側で「オブジェクト」
として扱おうとします。

6-1 「Apache Wicket」とは

■プロジェクトの目的

●オブジェクト指向に戻る

Javaは「クラスからオブジェクトを作る」言語です。

しかし、JavaでWebアプリを作るために、「表示するためのプログラム」が「JSP」など別のファイル形式となり、「オブジェクト指向」から離れていきました。

そして、「オブジェクト指向」でないものと、オブジェクトを関連付ける(マッピング)ために、さまざまなファイルを書かされることになりました。

一方、「Wicket」は、Webアプリに「オブジェクト指向」を取り戻そうとしています。
「Apache」の支援プロジェクトです。

120

[6-2] 「Wicket」のプロジェクト

6-2 「Wicket」のプロジェクト

■プロジェクトを作る

●「Maven Archetype」プラグインを用いる

「Wicket」プロジェクトは、「Maven」プロジェクトとして作れます。

「Tapestry」と同様に、「maven-archetype-plugin」プラグインを用います が、やはり最新のバージョンだと失敗するので、問題のないバージョン を指定します。

リスト6-1のコマンドは、プラグインのバージョンを「2.4」に指定する コマンド例です。

適切なフォルダ上で行なってください。またリスト6-1は改行してあり ますが、一行で入力してください。

【リスト6-1】「maven-archetype-plugin」で「Wicket」プロジェクトを作る

```
mvn org.apache.maven.plugins:maven-archetype-plugin:2.4:generate
 -DarchetypeCatalog=http://wicket.apache.org
```

このあとは、以下のシステムからの質問に答えていきます。

---

[1]Choose archetype（プロジェクトの構造を選ぶ）

「Wicketのクイックスタートの最新版」を選びます。

図6-1では、「Wicket 8.0.0-SNAPSHOT Quickstart」の他に選択肢がな いので、「1」と入力します。

```
Choose archetype:
1: http://wicket.apache.org -> org.apache.wicket:wicket-archetype-quickstart (Wicket 8
.0.0-SNAPSHOT Quickstart)
Choose a number or apply filter (format: [groupId:]artifactId, case sensitive contains
): : 1
```

図6-1　最初の質問は「1」と入力

121

第6章　Apache Wicket

[2]「Wicket」のバージョン

図6-2では、最新の安定板「7.10.03」を選んでいます。

```
Choose org.apache.wicket:wicket-archetype-quickstart version:
1: 1.4.23
2: 1.5-SNAPSHOT
3: 1.5.17
4: 6.29.0
5: 6.30.0-SNAPSHOT
6: 7.10.0
7: 7.11.0-SNAPSHOT
8: 8.0.0-M9
9: 8.0.0-SNAPSHOT
Choose a number: 9: 6
```

図6-2　「Wicket」のバージョン

[3] プロジェクトの必須プロパティ

第4章の「Tapestry」で行なったように、必須のプロパティである「groupId」「artifactId」「バージョン」を入力します。

図6-3は入力値の確認画面で、「artifactId」は「hellowicket」にしています。

また、バージョンを「1_0」にしています。

このあと述べるサーバでの実行について、「1.0」だと「ドット」がファイル拡張子と混同してよくないと思われるからです。

```
groupId: net.supportdoc
artifactId: hellowicket
version: 1_0
package: net.supportdoc
log4j.properties: log4j2.xml
Y: :
```

図6-3　詳細の確認画面と、ログ用プラグインの設定

[4]「Log4J」の設定ファイル名

最後の選択は、「Log4J」というプラグインの設定です。

Javaのログ機能として評価の高いプラグインなので、「y」を打ちます。

これで「hellowicket」というフォルダが出来るので、「VSCode」で開いて操作しましょう。

122

[6-2] 「Wicket」のプロジェクト

■アプリの起動

●「Jetty」で動作させる

とにかく、アプリが動くかどうかを確かめます。

自動作成された「pom.xml」に、「Jetty」のプラグインが書いてあります。

```
pom.xml   ×
                        <showDeprecation>true</showDeprecation>
                    </configuration>
            </plugin>
            <plugin>
                <groupId>org.eclipse.jetty</groupId>
                <artifactId>jetty-maven-plugin</artifactId>
                <version>${jetty9.version}</version>
                <configuration>
                    <systemProperties>
                        <systemProperty>
                            <name>maven.project.build.directory.test-classes</name>
                            <value>${project.build.directory}/test-classes</value>
                        </systemProperty>
                    </systemProperties>
                    <jettyXml>${project.basedir}/src/test/jetty/jetty.xml,${project.basedir}
                </configuration>
            </plugin>
```

図6-4 「pom.xml」に「Jetty」プラグインの記述がある

そこで、「VSCode」から「ターミナル」を開いて、**リスト6-2**のコマンドを打ちます。

【リスト6-2】「Jetty」で実行

```
mvn jetty:run
```

これで必要なプラグインがダウンロードされて、「Jetty」サーバが起動するので、Webブラウザで次のページを開きます。

```
http://localhost:8080
```

図6-5のようなページが表示されると、アプリのビルドは成功です。

123

第6章 Apache Wicket

図6-5 「Wicket」プロジェクトのビルド成功

一度、「Ctrl+C」でサーバを停止します。

6-3 自動作成されたファイルとコード

■ファイルの場所と名前
●「java」フォルダ

ファイルの構造を調べてみましょう。

「java」フォルダに3つのファイルがあります。
図6-6のように、「HomePage.html」「HomePage.java」「WicketApplication.java」です。
HTMLファイルも同じフォルダにあるのが特徴です。

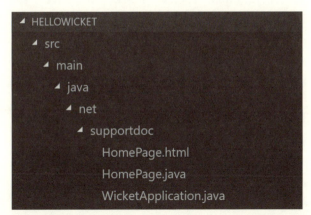

図6-6 「Java」のフォルダにHTMLファイルもある

●「webapp」フォルダ

一方「webapp」フォルダには、重要なファイルは「WEB-INF/web.xml」しかありません。

図6-7 「webapp」フォルダ

第6章　Apache Wicket

■「HomePage」というコンポーネント

●HomePage.java

　「HomePage.html」と「HomePage.java」は名前が同じなので、連携しているだろうというのは明らかです。

　「HomePage.java」を開いてみましょう。

＊

　クラスの定義は、**リスト6-3**で始まっています。

【リスト6-3】クラス「HomePage」の定義

```
public class HomePage extends WebPage {
```

　リスト6-3では、「org.apache.wicket.markup.html.WebPage」のサブクラスであることを宣言しています。

　同じファイルの「インポート文」を参照してください。

＊

　定義の主要な部分は、**リスト6-4**のようなコンストラクタです。

【リスト6-4】クラス「HomePage」のコンストラクタ

```
public HomePage(final PageParameters parameters) {
  super(parameters);
  add(new Label("version", getApplication().getFrameworkSettings().
getVersion()));
}
```

　メソッド「add」に注目してください。

　引数には、「org.apache.wicket.markup.html.basic.Label」というクラスのオブジェクトが渡されています。

　リスト6-5に抽出して示します。

【リスト6-5】「add」メソッド

```
add(new Label("version", getApplication().getFrameworkSettings().
getVersion()));
```

126

[6-3] 自動作成されたファイルとコード

「Label」オブジェクト作成のコンストラクタは、引数を2つとります。
最初の「"version"」が、ラベルの「id」です。

後の記述が長いですが、これはラベルの「表示内容」です。
ここでは、**リスト6-6**のように「フレームワークのバージョン」を取得しています。
目的は、ただWebページに何か表示させるために、バージョンを取得しただけで、プログラムの動作に影響するわけではありません。

【リスト6-6】「フレームワークのバージョン」を取得

```
getApplication().getFrameworkSettings().getVersion()
```

●HomePage.html

「HomePage.html」に書かれている多くの記述は、Javaには関係ありません。
重要なのは、ずっと下のほうにある**リスト6-7**です。

【リスト6-7】「リスト6-6」の表示場所

```
<p>
Please mention the correct Wicket version:
<wicket:container wicket:id="version">1.5-SNAPSHOT</wicket:container>.
</p>
```

エディタ画面では、**図6-8**あたりです。

リスト6-7では、「wicket:container」というタグに属性「wicket:id」があり、その値が「version」です。
リスト6-6のラベルオブジェクトのidと一致するので、これが呼び出されているのは明らかです。

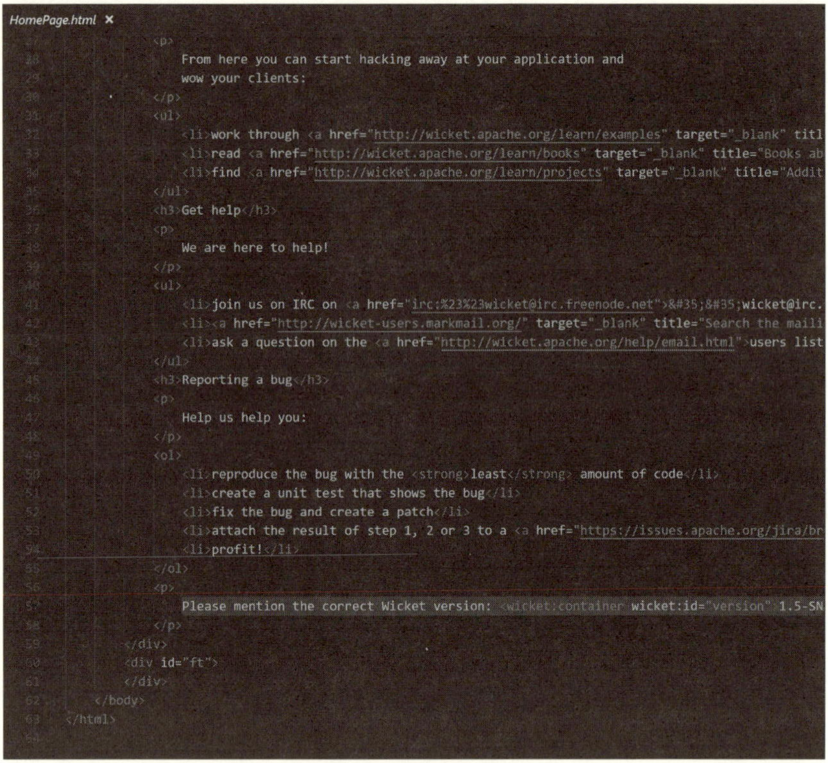

第6章　Apache Wicket

図6-8　下のほうにある

●「HomePage.html」を簡単にする

　そこで、「HomePage.html」の内容を大幅削減し、「body」タグの中身を
リスト6-8のようにしてしまいましょう。

【リスト6-8】「HomePage.html」を大幅削減

```
<p>
  このWicketのバージョンは
  <wicket:container wicket:id="version"></wicket:container>
  です.
</p>
```

128

[6-3] 自動作成されたファイルとコード

■「Wicket」の文字化け対策

●「maven-compiler-plugin」だけでは足りない

リスト6-8では、「日本語」を使いました。

この文字化け対策には、注意しなければなりません。

「Wicket」プロジェクトの「pom.xml」には、「maven-compiler-plugin」の記述があり、その中でエンコーディングをUTF-8にする設定が書いてあります。

しかし、これだけではまだ文字化けするので、さらに「WicketApplication」クラスの定義の中で、「UTF-8」を使う設定が必要です。

●「WicketApplication」クラスの定義

「WickedApplication.java」を開いてみましょう。

主な部分は、リスト6-9の通りです。

【リスト6-9】クラス「WicketApplication」の定義の主要な部分

```java
public class WicketApplication extends WebApplication
{
  @Override
  public Class<? extends WebPage> getHomePage()
  {
    return HomePage.class;
  }

  @Override
  public void init()
  {
    super.init();
  }
}
```

129

第6章 Apache Wicket

● 「init」メソッドに記述

　リスト6-9の2つのメソッドのうち、「init」メソッドにおいて、「super」（スーパークラスのオブジェクト）の「init」メソッドを呼び出したあとに、リスト6-10を書きます。
　これは、Javaによって動的に生成するWebページにも、「UTF-8」の設定を付加するためです。

【リスト6-10】UTF-8を用いる設定

```
getMarkupSettings().setDefaultMarkupEncoding("UTF-8");
```

● 実行してみよう

　ファイルを保存したら、一度「mvn clean」で前の生成物を消去してから、「mvn jetty:run」で「Jettyサーバ」を起動します。
　ブラウザで、「http://localhost:8080」を開いてください。
　図6-9のようにシンプルになりました。

図6-9　シンプルになった

＊

　以上が、基本的な「Wicket」の動作の仕組みです。

[6-4]「動的アプリ」のHTML

6-4 「動的アプリ」のHTML

■作業の目的

●ボタンクリックで挨拶するアプリ

　たとえば、図6-10〜図6-11のように、テキストフィールドに名前を入力してクリックすると、その名前で挨拶する文が表示されるようなアプリを作れます。

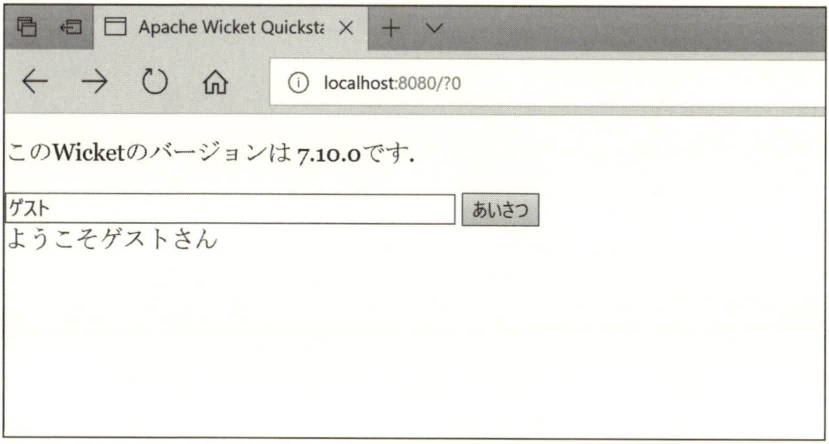

図6-10　はじめは「ゲストさん」

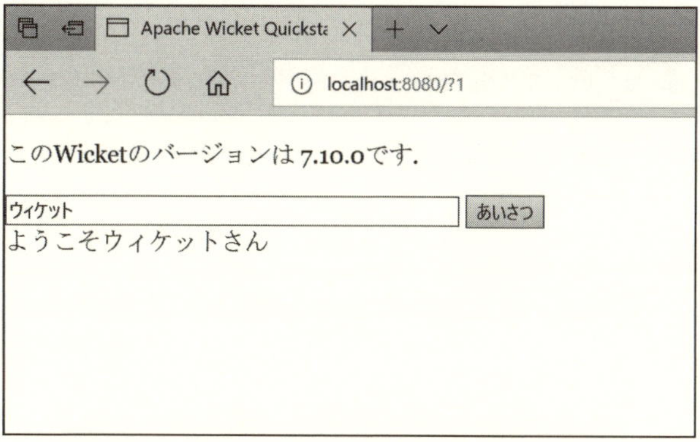

図6-11　「ウィケット」と入力してボタンをクリックした

131

第6章　Apache Wicket

●「HomePage」コンポーネントを編集

「HomePage」コンポーネントを、**図6-9**のようにシンプルにしたので、ここに記述を加えて、「動的アプリ」に改良していきましょう。

■「HomePage.html」を編集

●フォームの外枠

「HomePage.html」に「入力フォーム」を記述します。
「Wicket」のタグライブラリを用います。

まず、**リスト6-11**はフォームの枠組みの記述です。

【リスト6-11】「HomePage.html」にフォームを置く

```
<form wicket:id="form">
    ...
</form>
```

●テキストフィールド

リスト6-11のフォームの中に、**リスト6-12**のように「テキストフィールド」を置きます。

「wicket:id」で、「Wicket」のJavaプログラムと連携できるように、id「nameInput」を与えます。

【リスト6-12】「テキストフィールド」の記述

```
<input type="text" wicket:id="nameInput" value="" size="50" />
```

●ボタン

フォームの中に**リスト6-12**に続けて、**リスト6-13**の「ボタン」を置きます。

このボタンは、属性「type」を「submit」(送信)にしているので、idを与えなくても、「送信ボタン」と識別されます。

【リスト6-13】ボタンを記述

```
<input type="submit" value="あいさつ" />
```

132

●「フォーム外」にテキスト表示箇所

以上、「テキストフィールド」と「ボタン」は、「フォーム」の中に置きます。
その外に、**リスト6-14**のようにテキスト表示箇所を置きます。

テキストの中に「span」タグで、動的な値を表示する箇所を作り、id
「name」を与えておきます。

【リスト6-14】動的な表示を含むテキスト表示箇所を記述

```
ようこそ<span wicket:id="name"></span>さん
```

6-5 「動的アプリ」のJava

■「HomePage.java」を編集

●プロパティと初期値

上記の変更を受けて、クラス「HomePage」の定義を編集しましょう。
「HomePage.java」を開きます

*

クラスのプロパティ「name」を、**リスト6-15**のように定義します。
初期値は、「ゲスト」になっています。

【リスト6-15】プロパティ「name」を定義

```
private String name="ゲスト";
```

そのため、「HomePage.html」において、**リスト6-14**の「span」要素の中
には、初期状態で「ゲスト」というテキストが表示されることになります。

●プロパティの「get/set」メソッド

このプロパティに、「get」メソッド、「set」メソッドを与えます。

【リスト6-16】プロパティ「name」の「get/set」メソッド

```
public String getName() {
  return name;
```

第6章　Apache Wicket

```
}

public void setName(String name){
  this.name = name;
}
```

■クラス「PropertyModel」
●プロパティの値を扱うオブジェクト

　「Wicket」の特徴は、プロパティの値そのものを読み書きするのではなく、プロパティの値に対する操作を「PropertyModel」というクラスのオブジェクトで表わすところです。

　以下は、クラス「HomePage」のコンストラクタの中に定義していきます。
　いま、プロパティ「name」を作りましたが、この値を扱うのに**リスト6-17**のような「PropertyModel」のオブジェクト「nameModel」を、さらに作ります。

【リスト6-17】「PropertyModel」のオブジェクト

```
PropertyModel<String> nameModel =
  new PropertyModel<>(this, "name");
```

　リスト6-17の定義の仕方から分かるように、「PropertyModel」は扱う値のデータ型とともに定義する、「ジェネリック型」です。
　プロパティ「name」は、「String」型として定義したので、「nameModel」のデータ型は、「PropertyModel<String>」と記述されます。

■HTMLの要素に対応するオブジェクト
●「HomePage.html」と対応

　「Wicket」の特徴は、HTMLに記述した要素に対応するオブジェクトを作り、「id」で両者を関連づけるところです。

134

[6-5] 「動的アプリ」のJava

●「フォーム」のオブジェクト

リスト6-11で「HomePage.html」にフォームを記述し、idとして「form」を与えました。

これに対応するオブジェクトを、リスト6-18のように書きます。

【リスト6-18】プロパティ「name」の値を入力するためのフォーム

```
Form<?> form = new Form("form");
```

クラス「Form」はジェネリック型で、「Form<?>」とは、「何らかのデータ型を入力するためのフォーム」という広義の表現です。

●「フォーム」に「テキストフィールド」を追加

「HomePage.html」のリスト6-12で、「form」要素の中に「テキストフィールド」を記述して、idとして「nameInput」を与えました。

それに対応する「テキストフィールド」は、リスト6-19のように書かれます。

【リスト6-19】「TextField」のオブジェクト

```
new TextField<>("nameInput", nameModel)
```

リスト6-19で、「TextField」のオブジェクトにid「nameInput」を与えています。

「TextField」もジェネリック型です。ですから、「<>」のところには「データ型」を与える必要があります。

しかし、実際はリスト6-20のように作って、すぐにオブジェクト「form」に追加します。

この「form」の型が「Form<?>」なので、それに合わせるという意味で「<>」の中身を省略できます。

【リスト6-20】作ってすぐにフォームに追加

```
form.add(new TextField<>("nameInput", nameModel));
```

135

第6章　Apache Wicket

●「ページ」に「フォーム」を追加

　最後に、オブジェクト「form」を**リスト6-21**のように、いま定義している「HomePage」クラスのオブジェクトに追加します。

　オブジェクトとしての「ページ」に、オブジェクトとしての「フォーム」が追加されることになります。

【リスト6-21】フォームを「ページ」に追加

```
add(form);
```

●テキスト表示箇所を「ラベル」として追加

　「HomePage.html」の**リスト6-14**で、「form」要素の外にテキスト表示箇所を記述して、その中の「span」要素にidとして「nameInput」を与えました。動的な値を表示させる箇所です。

　これに対応して、**リスト6-22**の「Label」オブジェクトを作って与えます。

【リスト6-22】ラベルにプロパティ「name」の値を表示させる

```
add(new Label("name", nameModel));
```

　リスト6-22で、「Label」オブジェクトがとる引数のうち、最初の引数は「id」で、HTML中の「span」要素に合わせています。

　一方、二番目の引数は「表示内容」を表わしますが、ここに「nameModel」が渡されます。

　これで、「テキストフィールド」から与えられる「nameModelのプロパティnameの値」を渡すようにしています。

●HTMLとJavaのプロパティの対応を整理

　Javaプログラム「HomePage.java」と、HTML文書「HomePage.html」での各部品のidの対応を、**図6-12**で確認してください。

[6-5]「動的アプリ」のJava

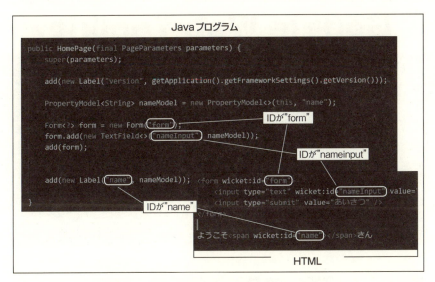

図6-12　JavaプログラムとHTMLのidによる対応

以上、追加した部品のクラスは、**リスト6-23**のようにインポートします。

【リスト6-23】部品のクラスをインポート

```
import org.apache.wicket.markup.html.form.Form;
import org.apache.wicket.markup.html.form.TextField;
import org.apache.wicket.model.PropertyModel;
```

●実行してみよう

　ファイルを保存したら、一度「mvn clean」で前の生成物を消去してから、「mvn jetty:run」で「Jettyサーバ」を起動します。
　ブラウザで「http://localhost:8080」を開いてください。
　図6-10〜図6-11のように、「動的な表示」ができることを確かめましょう。
　　　　　　　　　　　　　　　＊
　このような「Wicket」のサンプルが、以下のサイトに豊富に揃っており、いろいろなWebアプリの書き方を研究できます。

＜「Wicketバージョン7.x」のサンプルが公開されているサイト＞
http://examples7x.wicket.apache.org/index.html

第7章

Google Web Toolkit

「Google Web Toolkit」(GWT) は、ソースコードをJavaで
書き、最終的にJavaScriptに変換して「Ajaxアプリ」を実現
します。
簡単な管理コンソールから、ブラウザを起動したり、入出力を
監視したりできます。
ここでは、「GWT」のプロジェクトを作ったときに、自動で記
入されている内容を簡略化し、「GWT」の仕組みを理解します。

7-1 「Google Web Toolkit」を始める

■「Google Web Toolkit」とは

●「Java」から「JavaScript」に変換

「Google Web Toolkit」（以後、「GWT」）は、Javaで書いたコードをJava
Scriptのファイルに変換して、アプリケーションを作ります。

ですから、最終的な生成物には「Javaのサーバ」が必要ありません。

●開発中はJavaのまま

一方、開発中はJavaのコードのまま、プロジェクト内部のJavaサーバ
で実行を確かめ、「JavaScript」を意識することなく、コードの作成や修正
ができます。

●コードは実直、かなり長い

「GWT」で書くコードは、ページの部品の配置やイベント処理などを1
つ1つ実直に書いていきます。

そのため、作られた時点で動くような「サンプル・アプリ」のために記
入されているコードも、かなりの量です。

138

[7-1]「Google Web Toolkit」を始める

そこで本書では、「サンプル・アプリ」の内容を調べて、「GWT」の動く仕組みを理解するまでにとどめます。

■「GWT」の入手
●「GWT」をダウンロード
「GWT」は「開発ツール」としてダウンロードします。
以下のホームページを開いてください。

＜「GWT」のホームページ＞
http://www.gwtproject.org/

ホームページの左側のメニューに、「ダウンロード」ボタンや「クイックスタート・ドキュメント」へのリンクがあります。

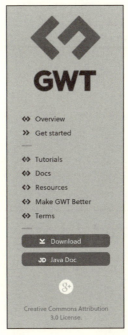

図7-1　ホームページの左側

139

第7章　Google Web Toolkit

●得られるファイルは

　ダウンロードページから「GWT」の開発ツール (SDK)をダウンロードできます。

　本書執筆時点では「gwt-2.8.2.zip」という名前のファイルとなります。

　展開して出来たフォルダ「gwt-2.8.2」を、適切な場所に置いてください。

●「環境変数」への登録

　「GWT SDK」に関して、以下の値を「ユーザー環境変数」に登録します。

・GWT_HOME：「gwt-2.8.2」フォルダのパス
・Path：「% GWT_HOME %」を追加

■「Ant」の入手とセットアップ

●ビルドツール「Ant」

　「GWT」の実行には、「Apache Ant」というオープンソースのJavaビルドツールが必要です。

　「Ant」はXMLに条件や処理を記述しておいて、短いコマンドとさまざまなオプションでコンパイルなどを行なうビルドツールとして、長い歴史をもっています。

*

　「Ant」のダウンロードは、次のホームページから行ないます。

＜Antホームページ＞

https://ant.apache.org/

　左側のメニューから、「Download-Binary Distributions」で、バイナリファイルのダウンロードページに移動できます。

140

[7-1]「Google Web Toolkit」を始める

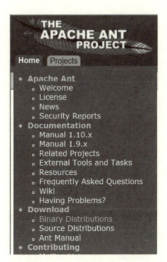

図7-2　「Apache Ant」のダウンロードページへ

　図7-3で、「zip」という拡張子がついたファイルで、なるべく新しいバージョンを選びます。

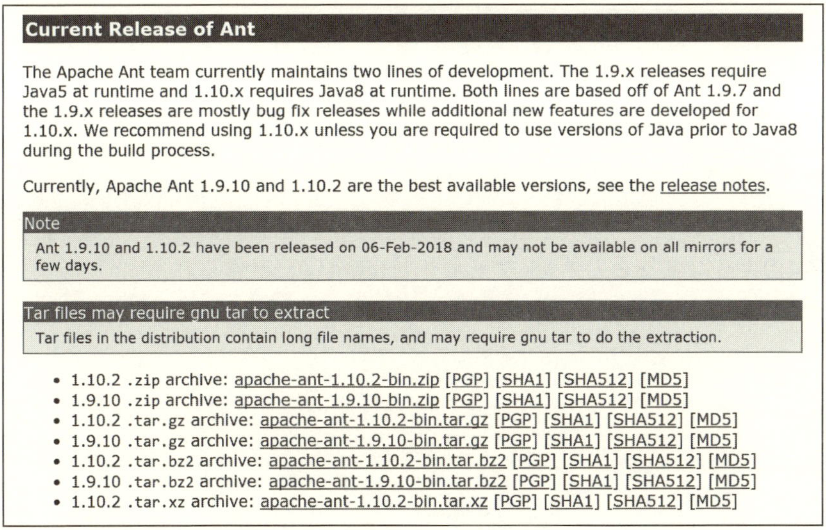

図7-3　バイナリファイルのダウンロード

第7章 Google Web Toolkit

たとえば、「apache-ant-1.10.2-bin.zip」というファイルをダウンロードし、展開すると、「apache-ant-1.10.2.bin」というフォルダになります。

これを適当な場所に置いてください。

●「環境変数」への登録

「Ant」に関して、以下の値を「ユーザー環境変数」に登録します。

・ANT_HOME：「apache-ant-1.10.2.bin」フォルダのパス
・Path：「%ANT_HOME%¥bin」を追加

■「GWT」のプロジェクトを作る

●コマンド「webAppCreator」

プロジェクトを作るための適切なフォルダに移動してください。

「コマンド・ウィンドウ」で、**リスト7-1**の「webAppCreator」というコマンドを打ちます。

【リスト7-1】プロジェクト「HelloGwt」を作るコマンド

```
net.supportdoc.hellogwt.HelloGwt net.supportdoc.hellogwt.HelloGwt
```

「net.supportdoc.hellogwt」はJavaのクラスを収めるパッケージ名なので、好きなパッケージ名に置き換えることができます。

「GWT」のフォルダ「/bin」が、環境変数「Path」に登録されていれば、**図7-4**のような応答とともに、フォルダ「HelloGwt」が作られます。

142

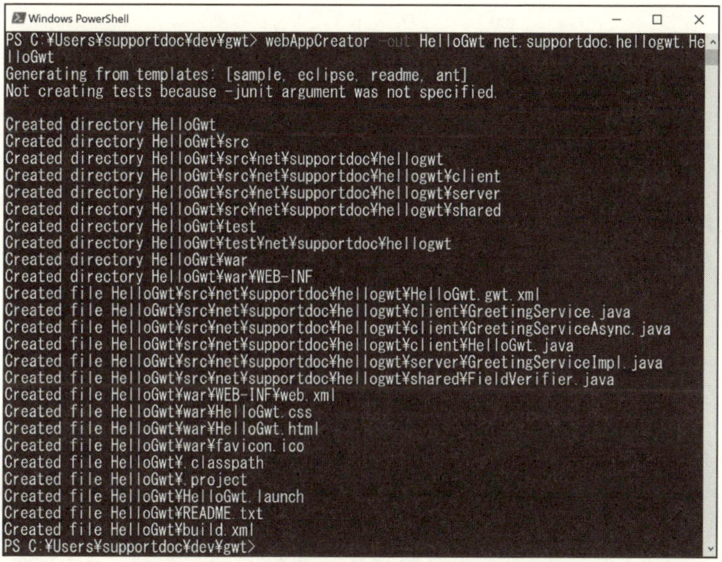

[7-1]「Google Web Toolkit」を始める

図7-4 コマンド「webAppCreator」とその応答

■プロジェクト「HelloGwt」の最初の実行
●「Ant」のコマンドでビルド&実行

リスト7-1のコマンドで、「HelloGwt」というフォルダが作られるので、その中に移動します。

「HelloGwt」のプロジェクトは、図7-5のような構成です。

この中で、「Ant」の設定ファイルは、「build.xml」というファイルです。

図7-5 作られた「HelloGwt」フォルダ

第7章 Google Web Toolkit

「コマンド・ウィンドウ」で、**リスト7-2**を打ちます。

【リスト7-2】「HelloGwt」フォルダから打つコマンド

```
ant devmode
```

●ビルド&実行の様子

図7-6は、「Ant」が動作するときの応答メッセージの一例です。

[javac]で始まるメッセージはコンパイルの過程、[java]で始まるメッセージは実行の過程を表わしています。

図7-6は、まだ動作中です。

図7-6　「Ant」でビルド中

「Ant」でビルドが成功すると、図7-7のように「BUILD SUCCESSFUL」というメッセージが出ます。

そして、図7-8のような「管理コンソール」が起動します。

図7-7　ビルド成功

[7-1]「Google Web Toolkit」を始める

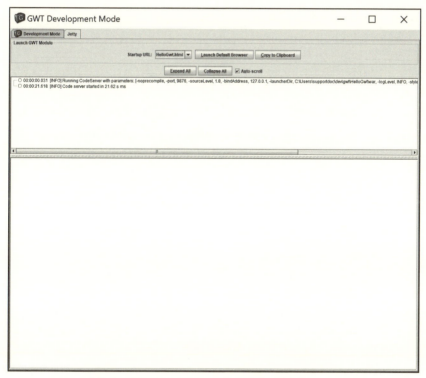

図7-8 「HelloGwt」フォルダから起動した管理ツール

　図7-8で、上部中央に「Launch Default Browser」(標準のブラウザを起動する)というボタンがあります。
　図7-9に拡大して示します。

図7-9 標準のブラウザを起動するボタン

　これをクリックしてみましょう。
　標準のブラウザ(Windows 10ならば、「Microsoft Edge」)が起動し、図7-10のような画面が表示されます。

145

第7章　Google Web Toolkit

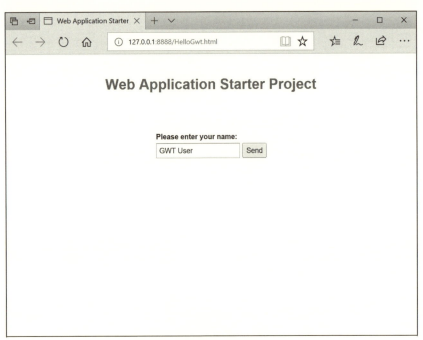

図7-10　最初の「GWTアプリ」

　図7-10のアドレスは、リスト7-3のようになっています。
　「127.0.0.1」とは、「localhost」のことで、ポートは「8888」です。

【リスト7-3】「GWTアプリ」の初期設定のアドレス
```
http://127.0.0.1:8888/HelloGwt.html
```

■「HelloGwt」画面の操作
●「Send」ボタンクリックへの応答
　図7-10で「Send」ボタンをクリックしてみましょう。
　図7-11のようなウィンドウが現われ、元の画面の前面中央に置かれます。

[7-1]「Google Web Toolkit」を始める

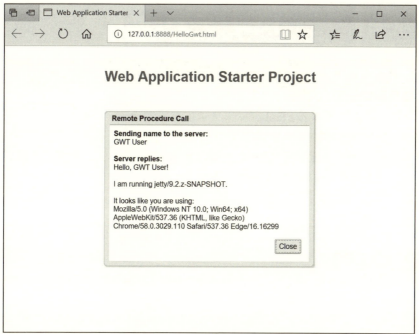

図7-11　「Send」ボタンをクリック

●応答の内容

　図7-11のウィンドウに書かれているのは、サーバに送信した文字列とサーバからの応答文字列です。

　応答文字列の内容は、「Jettyサーバ」のバージョン、送信したブラウザの情報などです。

第7章　Google Web Toolkit

7-2　「GWTアプリ」の構造

■ファイルやフォルダの構造

●重要な箇所だけ確認

　以上の動作をする「HelloGwt」フォルダの中身を、「VSCode」の「エクスプローラ」で調べてみましょう。

　ただし、開発を助けるための「一時ファイル」が多いので、開発に直接関係のある重要な箇所だけを説明します。

●Javaファイル

　「GWT」のプロジェクトでは、Javaファイルが「src/パッケージフォルダ」という階層に置かれます。

　図7-12ではパッケージ名が「net.supportdoc.hellogwt」なので、「src/net/supportdoc/hellogwt」というフォルダです。

　さらに、役割ごとに「client」「server」や「shared」(ファイルに共通)などのパッケージに分かれています。

図7-12　Javaのソースファイルが置かれている場所

[7-3]「サーバ・プログラム」の仕組み

●HTMLファイル

HTMLおよびCSSファイルは、「war」フォルダのすぐ下に入っています。

図7-13　HTMLファイルは「war」フォルダに

7-3　「サーバ・プログラム」の仕組み

■クラス「GreetingServerImpl」の宣言から分かること

●「サーバ・プログラム」は、クラス「GreetingServiceImpl」

Javaのファイルの概要を見てみましょう。

サーバのコードは割と簡単です。

図7-13に見られるファイル、「server/GreetingServiceImpl.java」を開きます。

●クラスの宣言

リスト7-4に、クラスの宣言だけを抜き出して示します。

【リスト7-4】サーバ・プログラム「GreetingServiceImpl」の宣言部分

```
public class GreetingServiceImpl extends RemoteServiceServlet
  implements GreetingService {
```

リスト7-4は、次の内容を示しています。

・クラス「GreetingsServiceImpl」は、「GWT」のクラス「com.google.gwt.user.server.rpc.RemoteServiceServlet」のサブクラスです。

第7章 Google Web Toolkit

・「GreetingsServiceImpl」は、クライアントのファイルである「client/GreetingService.java」で定義されている「インターフェイス」を実装しています。

インターフェイス「GreetingService」を実装（implement）しているので「GreetingServiceImpl」なのです。

図7-14　インターフェイスとクラスの実装関係

　これは、「RPC」と呼ばれる「サーバクライアント・システム」に見られる特徴のひとつです。

　クライアントは、「GreetingService」というクラス名と、使えるメソッドや引数だけを知らされていれば、サーバに要求できる仕組みです。

■クラス「GreetingServerImpl」のメソッド
●メソッド「greetServer」の最初の部分

　この「サーバ・プログラム」で仕事をするのは、「greetServer」というメソッドです。リスト7-5はその最初の部分です。

[7-3]「サーバ・プログラム」の仕組み

【リスト7-5】メソッド「greetServer」の最初の部分

```
public String greetServer(String input) throws IllegalArgument
Exception {
 .....
```

引数「input」が、クライアントのテキストフィールドから送られてきた文字列です。

図7-11の「GWT User」に相当します。

●「greetServer」の主要な働き

メソッド「greetServer」には、入力文字列が適切かどうか判断したり、図7-11に示したようなサーバやブラウザの情報を得るなどの処理が書かれていますが、結局、主要な働きは**リスト7-6**にある「return文」です。

【リスト7-6】これが最も主要な働き

```
return "Hello, " + input + "!<br><br>I am running " + serverInfo
 + ".<br><br>It looks like you are using:<br>" + userAgent;
```

そこで、メソッド「greetServer」を、**リスト7-7**のように簡略化してしまいましょう。

何度もやっている通り、名前を入力したら「こんにちは」と挨拶する応答です。

【リスト7-7】非常に簡単になった

```
public String greetServer(String input) throws IllegalArgument
Exception {
  return "こんにちは, " + input + "さん";
}
```

ファイル「GreetingServerImpl」を保存します。

151

第7章　Google Web Toolkit

7-4　クライアントの役割

■インターフェイス「GreetingService」

●「サーバ・プログラム」のオブジェクトを作る

　クライアントのプログラムは、ソースファイルとしては3つですが、「GreetingService」と「GreetingServiceAsync」は同じ役割です。

　インターフェイス「GreetingService」は、リスト7-4で説明したように、「サーバ・プログラム」のメソッド名と引数、戻り値の情報だけを定義しています。

　このような、サーバについてクライアントが知るべき必要最小限の情報をインターフェイスにしたものを、「stub」（スタブ：木のコブ）と呼びます。

【リスト7-8】「GreetingService.java」の主要な部分

```
@RemoteServiceRelativePath("greet")
public interface GreetingService extends RemoteService {
  String greetServer(String name) throws IllegalArgumentException;
}
```

　クラス「GreetingServiceAsync」は、「GreetingService」の非同期版で、「GreetingService」から作られます。

■クラス「HelloGwt」

●「エントリ・ポイント」の役割

　実際にWebページへの表示や動作を記述するのが、「HelloGwt」クラスの定義です。

　リスト7-9は、「HelloGwt」の宣言部分です。

　「GWT」のクラス、「com.google.gwt.core.client.EntryPoint」を実装しています。

152

[7-4] クライアントの役割

「エントリ・ポイント」とは「入口」の意味で、アプリが実行されるとき最初に呼び出されるメソッドを含んでいます。

【リスト7-9】「EntryPoint」というインターフェイスを実装

```
public class HelloGwt implements EntryPoint {
```

■「非同期のサーバ・オブジェクト」を生成

●「同期版」から「非同期版」を作る

「HelloGwt」クラスの定義の中で、リスト7-10のようにクラス「GreetingService」を利用して、その非同期版「GreetingServiceAsync」のオブジェクトが生成されます。

これは、一度作ったら書き換えないオブジェクトです。

【リスト7-10】「同期版」から「非同期版」が作られる

```
private final GreetingServiceAsync greetingService = GWT.create(Greet
ingService.class);
```

■メソッド「onModuleLoad」

●最初に呼ばれて、画面を描画

クラス「HelloGwt」には、唯一「onModuleLoad」というメソッドが定義されています。

アプリが起動したとき、このメソッドが最初に読み込まれます（名前は「モジュール（アプリのこと）が読み込まれるとき」の意味）。

これは、「画面描画」や「イベントリスナ」の設定を行ないます。

しかし、内容が長いので、次節でその主要な仕組みを見極めつつ、簡略化していきます。

153

第7章 Google Web Toolkit

7-5 画面描画のプログラム

■メソッド「onModuleLoad」の宣言

●引数も戻り値もない

クラス「HelloGwt」の唯一のメソッド「onModuleLoad」の宣言部分は、リスト7-11です。

「引数」も「戻り値」もありません。

【リスト7-11】「onModuleLoad」の宣言

```
public void onModuleLoad() {

//これから中身を見ていく
```

■描画する部品を作って配置する

●描画する部品のオブジェクトを作る

リスト7-12のように、最初に描画する部品のオブジェクトを作ります。

すべて修飾子「final」がついており、いったん作ったらオブジェクト自体の変更はありません（プロパティの変更はあります）。

【リスト7-12】部品のオブジェクトを作る

```
final Button sendButton = new Button("Send");
final TextBox nameField = new TextBox();
.....
```

●作った部品をページに配置

次に書かれているリスト7-13は、リスト7-12で作った部品「nameField」を配置する記述です。

154

[7-5] 画面描画のプログラム

【リスト7-13】部品をページに配置

```
RootPanel.get("nameFieldContainer").add(nameField);
```

「RootPanel」とは、ブラウザのページのいちばん基本になる置き場所です。

複雑な構造にしたい場合は、「RootPanel」の上に、さらにパネルを置くことができます。

メソッド「get」の引数は、HTMLファイル中に**リスト7-14**のように書くidを示します。

「HelloGwt.html」をこのあと確認し、編集します。

【リスト7-14】引数「"nameFieldContainer"」が示す場所

```
<div id = "nameFieldContainer"></div>
```

■「ボタン」や「キー入力」のイベントを設定

●「ボタンクリック」のイベントを設定

さて、そこから内容を飛ばして、プログラムの終わりの近くまでスクロールしてください。

クラス「HelloGwt」に定義されているのは、メソッド「onModuleLoad」だけなので、メソッド「onModuleLoad」の終わりということになります。

リスト7-15のように書いてあります。

【リスト7-15】メソッド「onModuleLoad」の最後に書いてある

```
MyHandler handler = new MyHandler();
sendButton.addClickHandler(handler);
```

リスト7-15は、「MyHandler」というクラスのオブジェクトを作り、ボタン「sendButton」の「クリック・イベント」を処理させています。

テキストフィールド「nameField」の「キー入力イベント」についても、同じ設定が書かれています。

155

第7章　Google Web Toolkit

●イベントを処理する内部クラス

クラス「MyHandler」は、この「HelloGwt」クラスの内部クラスで、メソッド「onModuleLoad」中に定義してあります。

ソースコードの90行目くらいを見てください。

ボタンクリックについては、**リスト7-16**のように定義してあります。

【リスト7-16】内部クラス「MyHandler」の概要

```java
class MyHandler implements ClickHandler {
  public void onClick(ClickEvent event) {
    sendNameToServer();
  }

  private void sendNameToServer(){
    .......
  }
  .......
}
```

リスト7-16で、クラス「MyHandler」はイベント・メソッド「onClick」を実装しています。

その中身は、「sendNameToServerというメソッドを呼ぶ」です。

そのメソッド「sendNameToServer」も、クラス「MyHandler」のメソッドとして定義されています。

●主要な動作はこれだけ

以上、メソッド「onModuleLoad」の主要な働きはこれだけです。

あとは、**図7-11**のように出てくる「ダイアログボックス」を描画するのに、たくさんのコード量を費やしています。

そこで、本章ではアプリを編集して、結果は「ダイアログボックス」ではなく、同じ画面の「ラベル」に出すことにします。

156

[7-6] サーバとの通信

7-6　　　　サーバとの通信

■サーバと通信している箇所はどこか

●メソッド「sendNameToServer」の中

　クライアントがサーバと通信している箇所は、リスト7-16に示したメソッド「sendToServer」の中です。

●オブジェクト「greetingService」のメソッド「greetServer」

　メソッド「sendToServer」の中で、リスト7-10で作ったオブジェクト「greetingService」が、メソッド「greetServer」を呼び出しています。
　リスト7-17の部分です。

【リスト7-17】メソッド「sendNameToServer」の中で行なわれている

```
greetingService.greetServer(textToServer, .....
```

　リスト7-17に示したように、メソッド「greetServer」に渡す最初の引数は、テキストフィールド「nameField」の値を読み取った変数です。

【リスト7-18】テキストフィールドの入力値を読み取った変数

```
String textToServer = nameField.getText();
```

　そのあとの引数が「AsyncCallback<String>」という「ジェネリック型クラス」のオブジェクトで、ここがサーバとの「非同期通信」です。
　これから確認していきましょう。

■「AsyncCallback」オブジェクトを作る

●通信成功時と失敗時の処理を実装

　「AsyncCallback」オブジェクトは、サーバとの通信が成功したときと、失敗したときの処理、それぞれを記述する2つのメソッドを実装します。
　サンプルプログラムでは、通信失敗時の「onFailure」が先に定義されています。

157

第7章　Google Web Toolkit

【リスト7-19】「AsyncCallback」オブジェクト作成の概要

```
new AsyncCallback<String>() {
    public void onFailure(Throwable caught) {
        //通信失敗時の処理
    }
    public void onSuccess(String result) {
        //引数resultがサーバからの応答なので、それを使って何かする
    }
}
```

メソッド「onModuleLoad」の内容は、これがすべてです。
そこで、次節においてこの内容を簡略化します。

7-7　クライアントも簡単にしよう

■簡単にする目標
●サーバからの応答がページに直接出ればいい

図7-11のようにボタンをクリックしたとき、サーバからの応答がダイアログボックスではなく、ページに直接出るようにします。

サーバからの応答は、すでにリスト7-7で簡単にしてあるので、図7-15のようになれば、成功です。

図7-15　このくらい簡単でいい

[7-7] クライアントも簡単にしよう

■「HelloGwt.html」の修正

●「errorLabel」を「resultLabel」にする

HTMLファイル「HelloGwt.html」を開いてみましょう。

「テキストフィールド」「送信ボタン」の他に、「エラーメッセージ」を表示するための箇所が記述されています。

【リスト7-20】「HelloGwt.html」の主要な箇所

```
<h1>Web Application Starter Project</h1>
  <table align="center">
    <tr>
      <td colspan="2" style="font-weight:bold;">Please enter your
name:</td>
    </tr>
    <tr>
      <td id="nameFieldContainer"></td>
      <td id="sendButtonContainer"></td>
    </tr>
    <tr>
      <td colspan="2" style="color:red;" id="errorLabelContainer">
</td>
    </tr>
  </table>
```

idが「nameFieldContainer」である箇所には「テキストフィールド」、「sendButtonContainer」である箇所には「ボタン」が置かれることが分かります。

もう1つ、「errorLabelContainer」というidの箇所があります。

「赤い文字」でエラーメッセージを表示する場所ですが、ここを書き換えて「resultLabelContainer」というidにして、「緑の文字」で結果を表示するラベルを置くようにします。

他の箇所は日本語化するなどして、**リスト7-21**のように書き換えます。

159

第7章 Google Web Toolkit

【リスト7-21】HTML文を親しみやすく

```html
<h1>はじめてのGWT</h1>
<table align="center">
 <tr>
   <td colspan="2" style="font-weight:bold;">名前を入力してください:</td>
 </tr>
 <tr>
    <td id="nameFieldContainer"></td>
    <td id="sendButtonContainer"></td>
  </tr>
  <tr>
    <td colspan="2" style="color:green;" id="resultLabelContainer">
</td>
   </tr>
</table>
```

■「onModuleLoad」の修正
●部品の配置

クラス「HelloGwt」のメソッド、「onModuleLoad」を編集します。
まず、部品の配置は、**リスト7-22**だけにします。

【リスト7-22】部品の作成と配置

```java
final Button sendButton = new Button("送信");
final TextBox nameField = new TextBox();
final Label resultLabel=new Label(); //変数errorLabelを書き換える


// これは残しておかないと外観が貧弱になる
sendButton.addStyleName("sendButton");


RootPanel.get("nameFieldContainer").add(nameField);
RootPanel.get("sendButtonContainer").add(sendButton);
```

[7-7] クライアントも簡単にしよう

```
RootPanel.get("resultLabelContainer").add(resultLabel);
```

● 「MyHandler」の定義

内部クラス「MyHandler」の定義は、**リスト7-23**のようにします。

【リスト7-23】「MyHandler」の定義

```
class MyHandler implements ClickHandler {
  public void onClick(ClickEvent event) {
    sendNameToServer();
  }
  private void sendNameToServer() {
    String textToServer = nameField.getText();
    greetingService.greetServer(textToServer,
    new AsyncCallback<String>() {
      public void onFailure(Throwable caught) {
        resultLabel.setText("サーバとの通信に失敗しました");
      }
      public void onSuccess(String result) {
        resultLabel.setText(result);   //サーバからの応答を表示
      }
    });
  } //メソッドsendNameToServerの定義の終わり
} //MyHandlerの定義の終わり
```

最後に、ボタンクリックにのみ、イベント処理をさせます。

【リスト7-24】ボタンクリックにのみイベント処理をさせる

```
MyHandler handler = new MyHandler();
sendButton.addClickHandler(handler);
```

ダイアログボックスに関する記述は、すべて削除します。

161

第7章　Google Web Toolkit

　ファイルをすべて保存し、**リスト7-1**の「ant devmode」コマンドでアプリを再構築し、実行してみましょう。

*

　以上、「GWT」は、1つ1つの部品をJavaで書いていきます。
　分かりやすいですが、部品が多くなるとコード量が大変多くなります。

　より高機能なアプリの書き方については、「GWT」のホームページにある、チュートリアルやサンプルコードなどで勉強してください。

第8章

Play Framework

「Play Framework」(プレイ・フレームワーク)は、基本的に「非同期」を扱うフレームワークです。

「非同期処理」には、「Scala」で書かれた「Akka」というライブラリを用いています。

そのため、「Scala」で動作しますが、「Java版」もあります。

「Scala」の文法がよく分からないときは、「Java版」と比べてみましょう。

8-1 「Play Framework」のプロジェクト

■「Play Framework」とは

●「Scala」で書く非同期通信

「Play Framework」の言語的な特徴は、「Scala言語」で書くところです。

「Scala」は、「コンパイルしてJavaになる」というJavaベースの言語で、Javaの冗長性を排し、Javaの苦手な「関数型プログラミング」を取り入れた仕様になっています。

しかし、関数型につきものの、文の形がはっきりしなくて分かりにくいという難点もあります。

なぜ「Scala」かというと、「Play Framework」の大きな目的が、基本的に「非同期」を扱うからです。

「非同期処理」には「Akka」というオープンソースのライブラリがあり、「Play Framework」はこのライブラリを基に、自分のライブラリを作っています。

一方で「Java版」もあるため、「Scala」の文法がよく分からないときは、「Java版」と比べることができます。

163

第8章 Play Framework

●ビルドツールに「sbt」を採用

これまで扱ってきたフレームワークは、ビルドツールとして、「GWT」（**第7章**）は「Ant」を用いて、他はすべて「Maven」を用いています。

「Play Framework」は、「Scala」で書かれたビルドツール「sbt」を採用しています（小文字で書く）。「Scala」プロジェクトだけでなく、「Java」や、「Scala」と「Java」の混在するプロジェクトもビルドできます。

「sbt」というコマンドで、ビルドや実行の操作をします。

「sbt」は「Ant」や「Maven」のように別途用意する必要がありますが、次節で入手する「スターター・プロジェクト」は、すでに「sbt」を含んでいます。

■「Play Framework」のスターターアプリ

●「スターター・プロジェクト」をダウンロード

「Play Framework」には、「スターター・プロジェクト」が用意されています。

本書ではこれを動かして、ソースコードの重要な箇所を確認します。

「Scala版」と「Java版」を適宜比較して、理解を進めます。

「Play」のダウンロードページに行くと、ダウンロードの一覧の最初に掲示されているのが、「Starter Example」です。

「Play」をはじめて試す場合に最適です。

＜「Play」のダウンロードページ＞

https://www.playframework.com/download

本書執筆当時の「Play」のサンプルの最新版は、「Play 2.6」で、**図8-1**のように「Java版」と「Scala版」が表示されています。

Play 2.6.x Starter Projects		
Play Java Starter Example	Download (zip)	View on GitHub
Play Scala Starter Example	Download (zip)	View on GitHub

図8-1 「Starter Example」をダウンロード

164

[8-1]「Play Framework」のプロジェクト

● 「スターター・プロジェクト」の構造

　ダウンロードで得られるのは、「play-(java/scala)-starter-example.zip」というファイルです。

　これを展開すると、同名のフォルダを得ることができるので、「VSCode」で開いてみましょう。

　図8-2は、「Scala版」の「play-scala-starter-example」フォルダですが、フォルダの構成は「Java版」も変わりません。

　「VSCode」の左側の「エクスプローラ」のいちばん下に、「sbt.bat」というファイルがあります。

　それが、サンプルのアプリを起動するための「バッチ・ファイル」です。

図8-2
「Play Framework」のプロジェクトの構造

● 「スターター・プロジェクト」の最初の起動

　「VSCode」の「統合ターミナル」を表示して、**リスト8-1**のコマンドでコンパイルし、サーバを起動します。

【リスト8-1】コンパイルしてサーバを起動
```
./sbt run
```

　最初は、必要なライブラリがダウンロードされるので、時間がかかるかもしれません。

　「Scala版」は、最終的にJavaのクラスに変換しなければならないので、余計に時間がかかります。

165

第8章　Play Framework

　最後に、図8-4のように「Webブラウザでポート9000を開くように」という指示が出れば、起動成功です。

図8-3　コマンドを打って処理が始まったところ

　なお、このサーバは「改行キー」で停止するので、サーバ使用中は統合ターミナルに触らないのが無難です。

図8-4　「ポート9000を開け」と出れば起動成功

[8-1]「Play Framework」のプロジェクト

●Webブラウザでページを開く

リスト8-2のように、Webブラウザで「ポート9000」を開きます。

【リスト8-2】「Webブラウザ」で開くページ

```
http://localhost:9000/
```

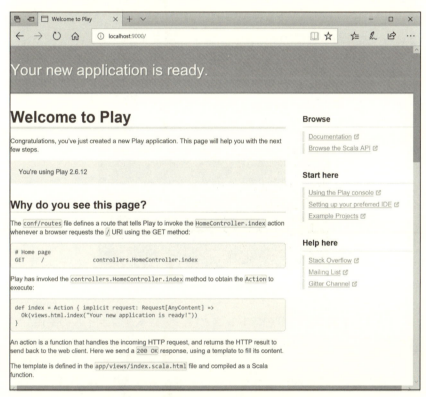

図8-5　起動したサンプルの最初のページ

第8章　Play Framework

8-2　ページが表示される仕組み

■このページが見える理由
●「ルーティング」の設定

　図8-5のサンプルページは、親切に出来ています。

　最初に「このページが見える理由」を説明してくれています。本書でも、それにそって解説していきます。

*

　いま、図8-5のページが見える理由、それはプロジェクトの中に図8-6のような「conf/routes」というページがあって、リスト8-3のように書いてあるからです。

図8-6　プロジェクトの「conf/routes」ファイル

【リスト8-3】ブラウザのアドレスと読み込むべきファイルの関係
```
GET     /                           controllers.HomeController.index
```

　「GET」とは、具体的にはブラウザでアドレスを入力したときに、サーバに送られる要求です。

　アドレス「/」とは、サーバ名（localhost）にポートだけを指定したもので、具体的にはブラウザのアドレス欄に入力したリスト8-2のことです。

　そのときは、プロジェクトの「controllers.HomeController.index」というものが呼ばれる、というのがリスト8-3の内容です。

　このように、「あるアドレスが呼ばれたとき、このプログラムで描画を行なう」という関係を、「ルーティング」（ルートは道筋のこと）と呼びます。

168

[8-2] ページが表示される仕組み

●「ルーティング」で呼ばれているのは？

そこで、「VSCode」の「エクスプローラ」で、「app」というフォルダのさらに下にある「controllers」フォルダを開いてみてください。

そこに、「Scala」または「Java」のファイルが置いてあります。

図8-7 「Scala」または「Java」のファイルが置いてある

ファイルはいずれも「Controller」という名前がついており、これらのクラスのオブジェクトが「MVC」の「コントローラ」の役割をもつことを示しています。

その中で、「HomeController.scala」をエディタで開いてみましょう。

「index」というメソッドがあります。

リスト8-3で呼ばれている「controller.HomeController.index」は、これだと分かります。

■「コントローラ」の関数とメソッド

●非同期の関数「OK」

メソッドの中身は、リスト8-4の通りです。

【リスト8-4】「controller.HomeController」の「index」メソッド(Scala)
```
def index = Action {
  Ok(views.html.index("Your new application is ready."))
}
```

リスト8-4の「Action」は、関数ですがすでに非同期で、リスト8-5の書き方が省略されたものです。

169

第8章　Play Framework

【リスト8-5】「Scala」の関数はすでに非同期
```
def index = Action {
  request => Ok(views.html.index(
  "Your new application is ready."))
}
```

「Action」という関数は、決まった処理に使うのではなく、「引数として渡される非同期の関数を実行する関数」です。

Javaの「インターフェイスと無名オブジェクト」の関係に相当します。

リスト8-4（正確にはリスト8-5）に書かれた関数は、「送られてきたHTTP要求に対して、OKという関数の戻り値を返す」ことを意味します。

関数「OK」は、HTTP要求で「OK」を意味する識別値「200」を返します。

しかし、リスト8-5のように書かれた「request」の内容に関わらず同じ動作をするので、省略されたリスト8-4のような形で書かれます。

■「ビュー」のスクリプト
●「コントローラ」が「ビュー」を呼ぶ

関数「OK」の引数は、またも「views.html.index」という関数です。

この関数の正体は、図8-8に見えるファイル「index.scala.html」にあります。

位置は、「app/views」フォルダの下です。

図8-8　「views」フォルダの中のHTMLファイル

[8-2] ページが表示される仕組み

一方、Java版である「HomeController.java」の「index」メソッドは、リスト8-6の通りです。

【リスト8-6】「controller.HomeController」の「index」メソッド(Java)

```
public Result index() {
  return ok(index.render("Your new application is ready."));
}
```

Java版では、メソッドなので小文字で「ok」と書きます。

「index.render」という書き方が、Javaらしくないですね。

実はJava版でも、「view」フォルダの中身は、**図8-8**とまったく同じ、Scalaで書かれたファイルです。

ですから、Java版は完全なJava版ではなく、ScalaをJavaで置換できるところだけがJavaになったものです。

このように、「ルーティング」で呼ばれた「コントローラ」オブジェクトは、「ビュー」のファイルに関係する何かを読んでいることが分かります。

●「ビュー」を記述する特有のスクリプト

では、この「HomeController.scala.html」ファイルを開いてみましょう。

中身はHTMLらしくないもので、「@」記号に挟まれてコードが埋め込まれています。

これは、「Play Framework」に固有の「Twirl」というスクリプトです。

このファイルの中身がコンパイルされて、**リスト8-4**について説明した関数「views.html.index」になるのです。

*

コメントを省略すると、最初の行は**リスト8-7**の通りです。

第8章　Play Framework

【リスト8-7】「index.scala.html」の最初の一行

```
@(message: String) //この関数の引数とデータ型
```

リスト8-7は、コンパイルで生成する関数の引数と、そのデータ型（シグニチャ）です。

●スクリプトが、別のスクリプトを呼ぶ

次の行では、図8-9にある「main.html.index」から作られる関数が呼ばれています。

【リスト8-8】関数「main」が呼ばれている

```
@main("Welcome to Play") {
  ......
}
```

リスト8-8の関数の中身では、さらにリスト8-9のように関数「welcome」を呼びます。

図8-8から派生する、「welcome.scala.html」でできる関数です。

【リスト8-9】関数「@main」の中身

```
@welcome(message, style = "scala")
```

「welcome.scala.html」を、エディタで開いてみましょう。

「@」で埋め込まれたScalaのコードの他に、見慣れたHTMLタグもたくさんあり、図8-5でブラウザに表示された内容のほとんどが、このファイルに書かれていることが分かります。

172

[8-2] ページが表示される仕組み

```
welcome.scala.html ✕
  1   @(message: String, style: String = "scala")
  2
  3   @defining(play.core.PlayVersion.current) { version =>
  4
  5   <section id="top">
  6     <div class="wrapper">
  7       <h1><a href="https://playframework.com/documentation/@version/Home">@message
  8     </div>
  9   </section>
 10
 11   <div id="content" class="wrapper doc">
 12   <article>
 13
 14     <h1>Welcome to Play</h1>
 15
 16     <p>
 17       Congratulations, you've just created a new Play application. This page will
 18     </p>
 19
 20     <blockquote>
 21       <p>
 22         You're using Play @version
 23       </p>
 24     </blockquote>
 25
```

図8-9 「welcome.scala.html」にいちばん多く書かれている

一方、「main.scala.html」の主要な記述は、リスト8-10の通りで、「HTML」「head」「body」などの基本的な構造が書かれています。

【リスト8-10】「main.scala.html」の主要な記述

```
@(title: String)(content: Html)


<!DOCTYPE html>
<html lang="en">
  <head>
    ······
  </head>
  <body>
    @content
  </body>
```

173

第8章 Play Framework

```
</html>
```

　以上、図8-5が読み込まれる仕組みは、「indexがmainを呼び、mainがwelcomeを呼ぶ」という関係で実現したのです。

●引数を書き換えてみる

　これらの関数やスクリプトと、Webページの表示との関係を確かめてみましょう。

＊

　リスト8-4とリスト8-8で引数に渡されている文字列を、それぞれ「日本語」に置き換えると、ブラウザの表示（タブに表示されているページのタイトル）が、文字化けもなく順調に日本語化されました。

図8-10　コードに日本語を入れても大丈夫だった

174

8-3　サンプル「Count」を編集

■サンプル「Count」をブラウザで開く

●「ルーティング」を調べる

このサンプルには、他に2つのアプリケーションがあります。

図8-7には、「HomeController」の他に「AsyncController」「CountContr oller」というファイルが表示されています。

これらを動作させるには、「conf/routes」に記述されたアドレスをブラウザで開きます。

「conf/routes」ファイルで記されている「CountController」のアドレスは、リスト8-11の通りです。

【リスト8-11】「CountController」を開くアドレス

```
GET      /count       controllers.CountController.count
```

●「Count」アプリの動作

そこで、リスト8-12のアドレスをブラウザで開きます。

【リスト8-12】ブラウザで開く「CountController」のアドレス

```
http://localhost:9000/count
```

このアプリは、非常に簡単です。

最初に「0」という数値が表示されます。

そのあと、ブラウザの「再読み込みボタン」や、「戻る」などの「ページ移動ボタン」で、ページを再読み込みしてください。

そのたびに、「0」から「1」「2」…と表示される数値が増えていきます。

第8章　Play Framework

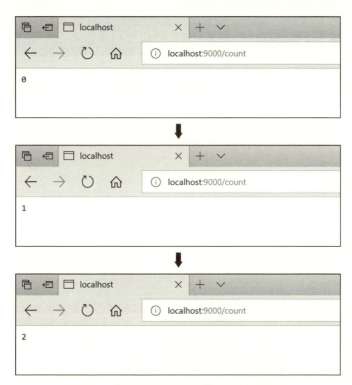

図8-11　読み込み直すたびに「カウント」が増える

■アプリ「Count」が動く仕組み
●該当する「ビュー・ファイル」はない

　ページ「count」の表示には、「view」フォルダの中で該当する「html.scala」ページはありません。
　「CountController」だけで動いています。

　「CountController.scala」の主な部分は、リスト8-13の通りです。

【リスト8-13】「CountController.scala」の主要な部分
```
def count = Action { Ok(counter.nextCount().toString) }
```

[8-3] サンプル「Count」を編集

リスト8-13と、「HomeController.scala」のリスト8-4を比べてください。
「view.html.index」のような関数を介さず、文字列をそのまま返しています。
つまり、図8-11は、Webブラウザで、「HTMLファイル」ではなく「プレーンテキスト」を読み込んでいるような感じです。

■「Count」にも「ビュー・ファイル」を作ろう
●「showcount.scala.html」ファイルを作る

そこで、「CountController」の応答を、他の「ビュー・ファイル」に送って、HTML形式でWebページに表示させてみましょう。
「views」フォルダに、「showcount.html.scala」というファイルを作ります。

図8-12 「showcount.html.scala」を作る

●関数「Ok」の引数に「ビュー」を渡す

Scala版での作業例を示します。
リスト8-13の関数「Ok」をリスト8-14のように書き換えて、「view.showcount.scalaという関数を導入します。

【リスト8-14】リスト8-13の関数「Ok」を書き換える

```
Ok(views.html.showcount(counter.nextCount().toString))
```

●「showcount.html.scala」の中身

「showcount.html.scala」の中身を書きます。
ファイルのいちばん最初に、リスト8-15のように文字列を引数として

第8章 Play Framework

受け取る設定を書きます。

「index.scala.html」に書いた**リスト8-7**と同じ考えです。

引数名は自由なので、何が送られてきたのかソースコードを見て分かるように、「counted」としました。

これが、**リスト8-14**の関数「Ok」の引数を受け取ります。

【リスト8-15】「showcount.html.scala」の最初に書く

```
@(counted: String)
```

そのあとは、普通のHTML文を書きますが、カウントした数を表示するところだけ「@counted」で記述します。

【リスト8-16】「showcount.html.scala」のHTMLの部分

```
<html>
  <head>
    <meta charset="utf-8">
    <style>
      body{margin-top:40px; margin-left: 60px; }
      b{font-size: larger;}
    </style>
  </head>
  <body>
    <p> <b>@counted</b>回目になりました</p>
  </body>
</html>
```

リスト8-17の「style」タグの中のスタイル指定は、ブラウザによっては反映されないかもしれませんが、少し体裁がよくなったのではないでしょうか。

178

[8-4] サンプル「Message」を編集

図8-13 「CountController」の出力をHTMLで表示できた

8-4 サンプル「Message」を編集

■サンプル「Message」をブラウザで開く
●「ルーティング」を調べる
「conf/routes」ファイルで記されている「AsyncController」のアドレスは、リスト8-17の通りです。

【リスト8-17】「AsyncController」のアドレス

```
GET      /message       controllers.AsyncController.message
```

そこで、このアプリは「Async」ではなく、「Message」という名前で呼ぶことにしましょう。

●ブラウザで開く
リスト8-18のアドレスをブラウザで開きます。

【リスト8-18】ブラウザで開く「Message」のアドレス

```
http://localhost:9000/message
```

表示されるのは、「Hi!」という小さな文字列です。

179

第8章　Play Framework

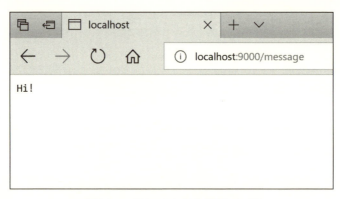

図8-14　「リスト8-18」で開くページ

●読み込みに時間がかかる？

　何度か、図8-14の画面を出してみてください。
　ページが切り替わるのに、時間がかかるのが分かると思います。

■「AsyncController」が記述する「非同期」
●1秒たったらOKを返す
　ソースコードを見てみましょう。
　ただし、「非同期」のプログラミングは、別途詳細な解説が必要になるので、ここでは概要だけを述べます。

＊

　「AsyncController.scala」の主要な部分は、まず**リスト8-19**です。
　関数「message」で返される関数が、「Action.async」という「非同期」の関数を返すものとなっています。
　その中にある「getFutureMessage」という関数の引数を見ると、ページの切り替わりがなんとなく遅い理由が分かるでしょう。

【リスト8-19】非同期の応答メッセージ（Scala版）
```
def message = Action.async {
    getFutureMessage(1.second).map { msg => Ok(msg) }
}
```

[8-4] サンプル「Message」を編集

　関数の詳細が分からなくても、一見して「1秒経ったら応答する」ということが想像できますね。

　リスト8-19の「1.second」をもっと多くの秒数、たとえば「15.second」にすると、ページの切り替わりに時間がかかることがもっとはっきり分かります。

　でも、そのままにしておくと、次にこのアプリを開くときイライラしてくるので、元の「1.second」に戻しておきましょう。

●非同期クラス「Future」

　「getFutureMessage」の定義は、**リスト8-19**のあとに書かれています。**リスト8-20**が、このメソッドの定義の始まりです。

　引数は「処理の遅延時間」で、戻り値は「Future」というクラスのオブジェクトです。

【リスト8-20】関数「FutureMessage」の定義、引数と戻り値

```
private def getFutureMessage(delayTime: FiniteDuration): Future[String] = {
```

　「Future」というのは、「非同期処理」のために造られたクラスで、そのオブジェクトは「いまはまだ作られていないが、将来（Future）作られるので仮に置いておく」というものです。

　「Future[String]」は、将来作られるオブジェクトが文字列であることを示します。

●非同期クラス「Promise」

　この処理では、最初に「Promise」というクラスのオブジェクトを作ります。

　「Promise」も「非同期」のクラスです。

【リスト8-21】「Promise」も「非同期処理」のためのクラス

```
val promise: Promise[String] = Promise[String]()
```

第8章　Play Framework

「Promise」というクラスのオブジェクトを作る理由は、「非同期」である「Future型」のオブジェクトに、普通の文字列を代入することはできないからです。

リスト8-22を見てください。
「Future型」のオブジェクト「future」に、「"Hi!"」という文字列を代入するための手続きです。

【リスト8-22】「Future」に値を代入するのに「Promise」を使う

```
promise.success("Hi!")
promise.future
```

「promise」オブジェクトで、「文字列を作ることができたら、それは"Hi!"というものになる」という情報を作って、「future」に与えます。
　これが、同期的な変数へのオブジェクトの「代入」に相当する作業です。

●「ActorSystem」で記述する「スケジュール」

リスト8-23がメソッド「getFutureMessage」の主要な処理で、「一定時間たったら、一度だけ処理を行なう」というスケジュールです。

【リスト8-23】一定時間たったら一度だけ処理を行なう

```
actorSystem.scheduler.scheduleOnce(delayTime) {
  promise.success("Hi!")
}(actorSystem.dispatcher)
```

「actorSystem」は、Scalaで書かれたライブラリ「Akka」が提供する「ActorSystem」というクラスのオブジェクトです。
（「Actor」とは、「Actionを行なうもの」という意味です）。

クライアントとサーバ間でメッセージを送ったり受けたり、というアクションを一括管理する機能をもつオブジェクトです。
詳しくは、「Akkaツールキット」(https://akka.io/)の説明を参照してく

[8-4] サンプル「Message」を編集

ださい。

　Scalaで書くと「Akka」を用いることができるので、リスト8-23のように、メッセージを送るタイミングを簡単なコードで制御できます。

＊

　以上、「Play Framework」ではScalaを用いて、短いコードで「非同期のWebアプリ」を書くことができます。

第9章
Javaで書かれたJavaサーバ

Javaの「Webアプリケーション・フレームワーク」を体験してきましたが、ほとんどの場合、そのアプリしか動かせない「内部サーバ」上でした。
そこで、本章では、複数のアプリを1つのサーバで動かすために、簡単に起動して配備できる、「アプリケーション・サーバ」の例を紹介します。

9-1 異なるサーバのための「WAR」ファイル

■異なるサーバに配備するためのサンプル

●「Maven」で「WAR」ファイルを作る

外部のサーバで複数のアプリケーションを動かせることを確認するために、本書で作ってきたプロジェクトについて、「WAR」ファイルを作ります。

【リスト9-1】「WAR」パッケージを作る「Maven」コマンド

```
mvn package
```

第3章の「mytapestry」、第6章の「hellowicket」について、リスト9-2の「maven」コマンドによって「WAR」ファイルを作りました。

この2つのファイルを、異なる「アプリケーション・サーバ」に配備してみます。

図9-1　2つの「WAR」ファイルを作る

[9-1] 異なるサーバのための「WAR」ファイル

■動作させるサーバの種類

●「サーブレット・コンテナ」と「J2EEサーバ」

JavaのWebアプリを動作させるサーバについて、ここで整理しておく必要があります。

JavaのWebアプリのほとんどは、「サーブレット」（小さなサーバの意味）という、Web用のJavaの仕様だけを用いています。

「サーブレットAPI」は、いまでこそ「JavaEE」の仕様とされていますが、Javaに「SE」も「EE」もなかったころからのもので、わざわざ「JavaEE」のライブラリをダウンロードしなくても、ライブラリは「JavaSE SDK」に含まれています。

「サーブレット」だけが動くアプリを、「サーブレット・コンテナ」と呼びます。

一方、「JavaEE」のすべての仕様が動くサーバを、「JavaEEサーバ」と呼びます。

第5章で試した「GlassFish」は、「JavaSEサーバ」です。

たとえば、「JSF」は「サーブレット」以外の「JavaEE」の仕様を含むので、「サーブレット・コンテナ」では動きません。

●動作させるサーバの種類

第5章で、「JavaEE」のサーバ「GlassFish」を使いましたが、本章で他のサーバを使ってみます。

以下の通りです。

・Jetty

「サーブレット・コンテナ」です。

これまで「Mavenのプラグイン」の形で導入し、テスト用内部サーバとして使ってきましたが、外部サーバとして複数の「WAR」ファイルを配備することもできます。

185

第9章 Javaで書かれたJavaサーバ

・Apache Tomcat

「サーブレット・コンテナ」の定番。

・WildFly

「JavaEEサーバ」です。

ただし、「JavaEE」の仕様をすべて実現するサーバはなかなか難しく、設定ファイルもサーバによって違います。

ですから、「GlassFish」で動いたアプリが、「WildFly」でも動くとは限りません。

9-2 外部サーバとしての「Jetty」

■「Jetty」をダウンロード

「Jetty」は、「Eclipse」を開発保守している組織「Eclipse Foundation」が支援しているプロジェクトです。

ホームページのURLは、次の通りです。

＜「Jetty」のホームページ＞

https://www.eclipse.org/jetty/download.html

本書執筆時の「Jetty」の最新バージョンは、「9.4.8」で、zip形式でダウンロードできます。

展開して、「Jetty」のフォルダを適当な場所に置いてください。

■「WAR」ファイルの置き場所

図9-2は、「jetty-distribution-9.4.8v20171121」という長い名前のフォルダを、そのまま開いた様子です。

「webapps」というフォルダに、「WAR」ファイルを置きます。

186

[9-2] 外部サーバとしての「Jetty」

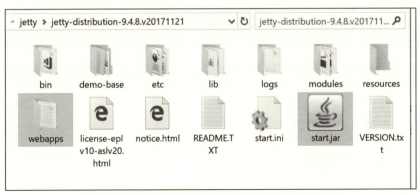

図9-2　「Jetty」フォルダの中身と「webapps」フォルダ

■サーバを起動するには

　一方、同じ図9-2のフォルダ中のファイルでサーバを起動するのは、「start.jar」というファイルです。

　図9-2のフォルダから「コマンド・ウインドウ」を開き、リスト9-2のコマンドによって、サーバを起動できます。

【リスト9-2】「Jettyサーバ」を起動

```
java -jar start.jar
```

■ドラッグ&ドロップで配備

　サーバが起動したら、図9-2の「webapps」フォルダに「WAR」ファイルをドラッグ&ドロップすれば、認識されます。

　サーバのポートと、配備された2つのアプリのアドレスは、リスト9-3の通りです。

【リスト9-3】「Jetty」に配備したアプリのアドレス

```
https://localhost:8080/mytapstry
https://localhost:8080/hellowicket
```

第9章　Javaで書かれたJavaサーバ

9-3　Apache Tomcat

■「Tomcat」をダウンロード

「Apache Tomcat」も、「Jetty」と同様の機能をもつサーバです。
「Tomcat」のホームページのURLは、次の通りです。

＜「Tomcat」のホームページ＞
https://tomcat.apache.org/

　本書執筆時の「Tomcat」の最新バージョンは「9.0.6」です。
　zipファイルなどの形式でダウンロードできるので、展開してフォルダを適当な場所に置きます。

■「Tomcat」の起動

　「Tomcat」の起動スクリプトは、図9-3のように「bin」フォルダにある「startup」スクリプトです。

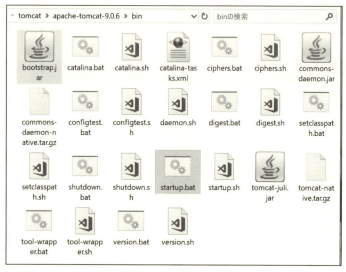

図9-3　binフォルダの「startup.bat」

188

[9-3] Apache Tomcat

　起動するには、「bin」フォルダから「コマンド・ウィンドウ」を開き、**リスト9-4**のコマンドを打ちます。

【リスト9-4】「Tomcat」の起動コマンド

./startup

　図9-4のように、起動コマンドを打ったウィンドウとは別のウィンドウが現われて、サーバの状態を表示します。

　「Tomcat」には、「終了スクリプト」もあります。
　「bin」フォルダにある「shutdown」スクリプトです。
　Tomcatを終了するには、「bin」フォルダから**リスト9-5**のコマンドを打ちます。

【リスト9-5】「Tomcat」の終了コマンド

./shutdown

図9-4　「Tomcat」の起動コマンドを打った画面（後）と、サーバの応答を示す画面（前）

第9章　Javaで書かれたJavaサーバ

　「Tomcat」のサーバのポートは、「Jetty」を同じ「8080」に設定しています。
　「localhost:8080」だけだと、「Tomcat」であらかじめインストールしてあるスタートページが表示されるので、正常に起動したかどうか知ることができます。

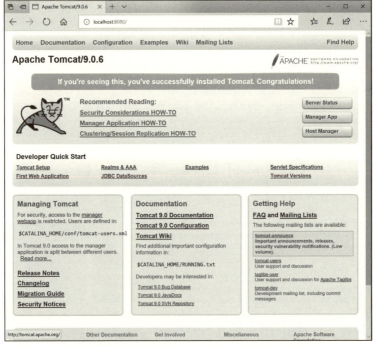

図9-5　起動した「Tomcatサーバ」のスタートページ

　「Tomcat」の特徴は、「webapps」フォルダに「WAR」ファイルをドラッグ＆ドロップすると、自動で展開されてフォルダが生成されるところです。
　図9-5のように、「WAR」ファイルが2つとも展開されています。
　配備されたアプリのアドレスは、「Jetty」における**リスト9-2**と同じです。

[9-4] WildFly

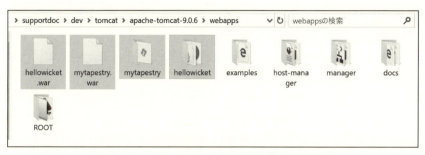

図9-6 「Tomcat」の「webapps」フォルダ内で自動で展開されたファイル

9-4 WildFly

■「WildFly」のダウンロード

「WildFly」は、以前から「JBoss」という名で公開されていたサーバが、Linuxの大手企業「RedHat」に買収されたため、「コミュニティ版」に別途つけられた名前です。

「GlassFish」と同様に「JavaEE」に対応しますが、「JSF」など「JavaEE」のアプリケーションには、「GlassFish」とは異なる「WildFly」のための設定ファイルが必要になります。

「サーブレット・コンテナ」は、「Jetty」「Tomcat」などと共通に動きます。

「WildFly」のホームページのURLは、次の通りです。

＜「WildFly」のホームページ＞
http://wildfly.org/

本書執筆時に最新安定版として得られている「Wildfly」のファイルは、「wildfly-12.0.0.Final.zip」です。

展開して、同名のフォルダを適切な場所に置いてください。

第9章　Javaで書かれたJavaサーバ

■「WildFly」の起動

　「WildFly」の起動コマンドは、「bin」フォルダにある「standalone」（1つのアプリだけの内部サーバに使う場合）か、「domain」（外部サーバとして複数のアプリを配備する）のいずれかです。

　「domain」モードで起動する場合、Windowsであれば、「bin」フォルダから「コマンド・ウィンドウ」を開いて、リスト9-6のように打ちます。
　「domain.bat」と拡張子まで入力する必要があります。

【リスト9-6】「domain」モードで「WildFly」を起動するとき

```
./domain.bat
```

●ユーザーの作成

　起動の前に、「管理ユーザー」を作らなければ使えません。
　同じ「bin」フォルダから、リスト9-7のように「add-user.bat」を起動させてください。

【リスト9-7】ユーザー管理コマンド「add-user.bat」を起動

```
./add-user.bat
```

　質問に答えながら、「ユーザー」を作ります。
　最初の質問は、図9-7のように、「(a)管理ユーザー」と「(b)一般ユーザー」のどちらを作るかです。
　ここでは、初期設定通り「a」と答えます。

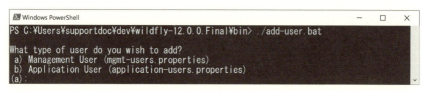

図9-7　初期設定の「管理ユーザー」を選ぶ

[9-4] WildFly

「ユーザー名」と「パスワード」を聞かれます。

「パスワード」が単純だと警告が出ますが、「これで進めますか」という質問に「yes」と答えれば、単純なパスワードでも設定できます。

```
Enter the details of the new user to add.
Using realm 'ManagementRealm' as discovered from the existing property files.
Username : supportdoc
Password recommendations are listed below. To modify these restrictions edit the add-u
ser.properties configuration file.
 - The password should be different from the username
 - The password should not be one of the following restricted values {root, admin, adm
inistrator}
 - The password should contain at least 8 characters, 1 alphabetic character(s), 1 dig
it(s), 1 non-alphanumeric symbol(s)
Password :
WFLYDM0101: Password should have at least 1 digit.
Are you sure you want to use the password entered yes/no? yes
```

図9-8 「ユーザー名」と「パスワード」

このユーザーを、「特定のグループ」に入れるかどうか聞かれます。

「no」と答えても先に進めます。

```
What groups do you want this user to belong to? (Please enter a comma separated list,
or leave blank for none)[ ] :
```

図9-9 このユーザーを「特定のグループ」に入れるか

最後に、このユーザーが他の「アプリケーション・サーバ」のユーザーであるかを聞かれます。

「no」と答えて、設定は完了です。

```
Is this new user going to be used for one AS process to connect to another AS process?
e.g. for a slave host controller connecting to the master or for a Remoting connection
 for server to server EJB calls.
yes/no? no
```

図9-10 他の「アプリケーション・サーバ」のユーザーではない

このユーザーは、サーバの「管理コンソール」にログインして、アプリの配備などができます。

「管理コンソール」のポートは、**リスト9-8**に示すように「9990」です。

193

第9章　Javaで書かれたJavaサーバ

【リスト9-8】「管理コンソール」のアドレス

```
http://localhost:9990
```

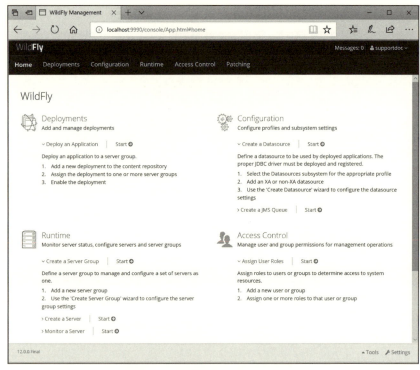

図9-11　「管理コンソール」が使える

*

以上、Webアプリを動かすためのサーバを紹介しました。

附　録

フレームワークの特徴（簡易版）

本書で解説する「フレームワーク」の概要や特徴を、簡単にまとめます。

■Struts2（ビルドツール：Maven/Gradle）

「Javeの仕様」によるWebアプリの書き方に近い。
ある動作を完了するためにプログラムを作る（アクション・ベース）。

https://struts.apache.org/

■Apache Tapestry（ビルドツール：Maven）

「Javaのクラス」と「TML」ファイルをペアで作る。
「ページ一枚」を構築するためにプログラムを作る（コンポーネント・ベース）。

https://tapestry.apache.org/

195

附録　フレームワークの特徴（簡易版）

■Spring Framework（ビルドツール：Maven/Gradle）

独自の書き方で、いろいろな機能のアプリケーションが作れる。

https://spring.io/

■Java Server Faces（ビルドツール：公式サンプルはMaven）

Javaの仕様「Java EE」に準拠。
「Glass Fish」など、JavaEE対応のサーバでないと動かない。

http://www.oracle.com/

■Apache Wicket（ビルドツール：Maven）

「HTML」の各要素をJavaのプロパティに対応させて、オブジェクトとして扱う。

https://wicket.apache.org/

附録　フレームワークの特徴（簡易版）

■Google Web Toolkit（ビルドツール：Ant）

主にJavaで記述し、最終的に「JavaScript」に変換。
「テスト・サーバ」の管理コンソール付き。

http://www.gwtproject.org/

■Play Framework（ビルドツール：sbt）

非同期が前提。
「Java版」もあるが、「Scala」が主たる言語。

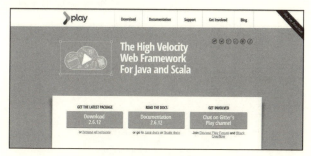

https://www.playframework.com

索 引

50音順

《あ行》

あ アクション‥‥‥‥‥‥‥‥‥‥ 41
　 アクション・クラス‥‥‥‥‥ 29,32
　 アクション・ベース‥‥‥‥‥‥ 8,50
　 アノテーション‥‥‥‥ 67,71,80,90,113
　 アプリケーションサーバ‥‥‥‥‥ 10
い インポート‥‥‥‥‥‥‥‥‥‥ 33
え エントリ・ポイント‥‥‥‥‥‥ 153
お オブジェクト指向‥‥‥‥‥‥‥ 120

《か行》

か 環境変数‥‥‥‥‥‥‥‥‥ 13,14
く クエリパラメータ‥‥‥‥‥‥‥ 95
　 クリック・イベント‥‥‥‥‥‥ 155
け 継承‥‥‥‥‥‥‥‥‥‥‥‥ 33
こ コマンド・ウィンドウ‥‥‥‥‥ 21
　 コンテキスト・パス‥‥‥‥‥‥ 28
　 コントローラ‥‥‥‥‥‥‥‥79,169
　 コンポーネント‥‥‥‥‥‥ 58,61
　 コンポーネント・ベース‥‥‥‥ 9,50

《さ行》

さ サーバ‥‥‥‥‥‥‥‥‥‥‥ 10
　 サーブレット・コンテナ‥‥‥‥ 185
す スターター・プロジェクト‥‥‥ 164

《た行》

ち 注入‥‥‥‥‥‥‥‥‥‥‥ 67,89
て テキスト・エディタ‥‥‥‥‥‥ 11
　 テキストフィールド‥‥‥‥‥‥ 132
と 動的ページ‥‥‥‥‥‥‥‥64,131

《は行》

は パラメータ‥‥‥‥‥‥‥‥‥ 94
ひ 非同期‥‥‥‥‥‥‥‥ 153,163,180
　 ビュー‥‥‥‥‥‥‥‥‥‥35,170
　 ビュー・ファイル‥‥‥‥‥‥30,177
ふ フォーム‥‥‥‥‥‥‥‥‥‥ 132
　 フレームワーク‥‥‥‥‥‥‥‥ 7
　 プロジェクト管理ツール‥‥‥‥ 12
　 プロパティ‥‥‥‥‥‥‥‥‥‥ 34
ほ ボタン‥‥‥‥‥‥‥‥‥‥‥ 132

《ま行》

も 文字化け対策‥‥‥‥‥‥ 44,60,129
　 モデル・クラス‥‥‥‥‥‥‥ 29,30

《ら行》

る ルーティング‥‥‥‥‥‥‥‥ 168

アルファベット順

《A》

Akka ‥‥‥‥‥‥‥‥‥‥‥‥ 10
Apache Maven‥‥‥‥‥‥‥‥ 12
Apache Tapestry‥‥‥‥‥‥‥ 50
Apache Tomcat ‥‥‥‥‥‥10,188
Apache Wicket‥‥‥‥‥‥‥ 9,120
Application ‥‥‥‥‥‥‥‥‥ 82
AsyncCallback‥‥‥‥‥‥‥ 157
AsyncController ‥‥‥‥‥‥ 180

《C》

converterId.xhtml‥‥‥‥‥‥ 109
Custom ‥‥‥‥‥‥‥‥‥‥ 112

《F》

Facelets‥‥‥‥‥‥‥‥‥‥ 108

索 引

《G》

getAsObject 115

getAsString 116

get 32,133

GlassFish 10,98

glassfish-web.xml 118

Google Web Toolkit 10,138

GreetingService 152

greetServer 150

《H》

HellpGwt 152

HomePage.html 127

HomePage.java 126

HTML 9,92

《I》

index.xhtml 107

Injection 67

《M》

Maven 11,12

Maven Archetype.................51,121

Maven プロジェクト 15,21

Model 87

MVC 8

《O》

onModuleLoad 153

《P》

Play Framework 10,163

pom.xml 17,43,76

PropertyModel 134

《S》

sbt 164

Scala 10,163

set メソッド 32,133

Spring Boot 9,75

Spring Framework 9,75

struts.xml 39

Struts2 8,25

《T》

Tapestry............................... 9,50

TML 9,57

《V》

Visual Studio Code 11,103

《W》

WAR ファイル 40,184

web.xml 37,118

Web アプリ 7

Web アプリの構造 26

WildFly 10,191

記 号

@InjectPage 67

@ManagedBean 113

@Persistent 71

@Property 71

@RequestMapping 81

@RequestParam 90

@RequestScoped 114

@RestController 80

■著者略歴

清水　美樹 (しみず・みき)

東京都生まれ。
長年の宮城県仙台市での生活を経て、現在富山県富山市在住。
東北大学大学院工学研究科博士後期課程修了。
工学博士。同学研究助手を 5 年間勤める。
当時の専門は微粒子・コロイドなどの材料・化学系で、コンピュータや Java は
結婚退職後にほぼ独習。毎日が初心者の気持ちで、執筆に励む。

[主な著書]

Java ではじめる「ラムダ式」
はじめての Kotlin プログラミング
はじめての Angular4
はじめての TypeScript 2
はじめての「Ruby on Rails」5
はじめての Visual Studio Code
はじめての Atom エディタ
Swift ではじめる iOS アプリ開発
はじめての iMovie [改訂版]
はじめてのサクラエディタ
…他多数　　　　　　　　　　　　　（以上、工学社）

質問に関して

本書の内容に関するご質問は、

①返信用の切手を同封した手紙

②往復はがき

③ FAX(03)5269-6031

　(ご自宅の FAX 番号を明記してください)

④ E-mail　editors@kohgakusha.co.jp

のいずれかで、工学社編集部宛にお願いします。電話に
よるお問い合わせはご遠慮ください。

●サポートページは下記にあります。
【工学社サイト】http://www.kohgakusha.co.jp/

I/O BOOKS

はじめての Java フレームワーク

2018 年 4 月 15 日　初版発行　Ⓒ 2018	著　者	清水　美樹
	発行人	星　正明
	発行所	株式会社工学社
		〒 160-0004
		東京都新宿区四谷 4-28-20 2F
	電話	(03)5269-2041(代) [営業]
		(03)5269-6041(代) [編集]
	振替口座	00150-6-22510

※定価はカバーに表示してあります。

[印刷] (株) エーヴィスシステムズ　　　　　　　ISBN978-4-7775-2048-0